FRIEDRICH KÜBLER

Postzeitungsdienst und Verfassung

Schriften zum Öffentlichen Recht

Band 623

Postzeitungsdienst und Verfassung

Von

Friedrich Kübler

Duncker & Humblot · Berlin

Das Buch basiert auf dem gleichnamigen Rechtsgutachten zu der Frage, ob und in welchem Umfang die Deutsche Bundespost (DBP) verpflichtet ist, den Postzeitungsdienst (PZD) in seiner herkömmlichen Prägung fortzuführen.

Die Deutsche Bibliothek – CIP-Einheitsaufnahme

Kübler, Friedrich:
Postzeitungsdienst und Verfassung / von Friedrich Kübler. —
Berlin : Duncker und Humblot, 1992
  (Schriften zum öffentlichen Recht ; Bd. 623)
  ISBN 3-428-07601-X
NE: GT

ISSN 0582-0200
ISBN 3-428-07601-X

Inhaltsverzeichnis

Abkürzungsverzeichnis

a. a. O.	= am angegebenen Ort
AGZV	= Arbeitsgemeinschaft Zeitschriftenverlage im Börsenverein des Deutschen Buchhandels
AZD	= Alternativer Zustelldienst
AfP	= Archiv für Presserecht
AGB PZD	= Allgemeine Geschäftsbedingungen des Postzeitungsdienstes
Archiv PR	= Archiv für presserechtliche Entscheidungen
AöR	= Archiv des öffentlichen Rechts
BDZV	= Bundesverband Deutscher Zeitungsverleger e. V.
BGB	= Bürgerliches Gesetzbuch
BGBl	= Bundesgesetzblatt
BGHZ	= amtliche Sammlung der Entscheidungen des Bundesgerichtshofs in Zivilsachen
BMPT	= Bundesministerium für Post und Telekommunikation
BT	= Bundestag
BVerfGE	= Entscheidungen des Bundesverfassungsgerichts
DBP	= Deutsche Bundespost
DöV	= Die öffentliche Verwaltung
FN	= Fußnote
GG	= Grundgesetz für die Bundesrepublik Deutschland
NJW	= Neue Juristische Wochenschrift
PostG	= Gesetz über das Postwesen
PostStruktG	= Poststrukturgesetz
PostV	= Postdienstverordnung
PostZtgGebVO	= Postzeitungsgebührenverordnung
PostZtgO	= Postzeitungsordnung
PZD	= Postzeitungsdienst
RGBl	= Reichsgesetzblatt

VDZ	=	Verband Deutscher Zeitschriftenverleger e. V.
VGH	=	Verwaltungsgerichtshof
VGO	=	Verbreitungsgebiet Ost
VGW	=	Verbreitungsgebiet West
VVDStRL	=	Veröffentlichungen der Vereinigung der deutschen Staatsrechtslehrer
WM	=	Zeitschrift für Wirtschafts- und Bankrecht, Wertpapiermitteilungen
ZIP	=	Zeitschrift für Wirtschaftsrecht u. Insolvenzpraxis
ZPF	=	Zeitschrift für Presse- und Fernmeldewesen
ZUM	=	Zeitschrift für Urheber- und Medienrecht / Film und Recht

A. Das Problem:
der PZD nach der Poststrukturreform

I. Zur Entwicklung des PZD

1. Zur Frühgeschichte: der Postzwang

Die Frühgeschichte der Post ist mit der der Presse eng verschränkt: die ersten Zeitungen wurden von den (privaten) Postmeistern herausgegeben[1]. Im Laufe des 18. Jahrhunderts verselbständigte sich die Rolle des Zeitungsverlegers; von nun an begnügte sich die Post mit dem Vertrieb der Presseprodukte. Im Anschluß an die Verstaatlichung der Post kam es im 19. Jahrhundert zum Postzwang für periodische Druckwerke; er wurde zunächst durch Verwaltungsvorschriften (Regulative) und erst ab der Jahrhundertmitte gesetzlich geregelt[2], und er bestimmte, daß Presseerzeugnisse allein durch die Post vertrieben werden durften. Mit diesem Postzwang, dem eine Vertriebspflicht („Postdebit") der Post entsprach, wurden vor allem zwei Ziele verfolgt: er bildete ein Instrument obrigkeitlicher Überwachung der Pressetätigkeit und entsprach zugleich der merkantilistischen Zielsetzung, sowohl die sozioökonomische Infrastruktur als auch die Finanzkraft des Staates durch von der öffentlichen Hand betriebene Monopolunternehmen zu stärken[3]. Im weiteren Verlauf wurde der Postzwang eingeschränkt: er betraf nur noch politische Zeitungen[4], gab dann die Zustellung am Ursprungsort[5] und wenig später generell die Verteilung durch Boten

---

[1] Dazu und zum folgenden *Rackow* u. a., Handwörterbuch des Postwesens 2. Aufl. (1953) 588; *Kohl / Haun*, Komm zur PostZtgO und PostZtgGebVO (3. Aufl. 1990, neubearb. von *Busch* und *Haun*) Vorbem PostZtgO 40 ff.

[2] Preuß. PostG v. 15.6.1852 (Gesetzessammlung 345)

[3] *Kohl / Haun*, 51 m. w. N.

[4] Gesetz über das Postwesen des Norddeutschen Bundes v. 2. 1·1. 1867 (BGBl. 61)

[5] ReichsPostG v. 28.10.1871 (RGBl. 347); dazu *Sautter*, Geschichte der Deutschen Post, Teil 3: Geschichte der Deutschen Reichspost (1951) 94 ff.

und Austräger innerhalb der Gemeindegrenzen[6] frei, und er entfiel
endgültig mit dem am 1. Januar 1970 in Kraft getretenen PostG vom
28. Juli 1969[7].

2. Vom Postregal zur Dienstleistung

Der allmählichen Lockerung und dem schließlichen Wegfall des
Postzwangs entspricht eine weitgehend synchrone Entwicklung: der
postalische Vertrieb von Presseerzeugnissen, für den sich mittlerweile
der Begriff „Postzeitungsdienst" (PZD) eingebürgert hatte, wandelte
sich von einem die Staatskasse füllenden Regal zu einer Dienstlei-
stung, die eine in der absoluten wie relativen Höhe schwankende,
aber im Prinzip doch einigermaßen kontinuierlich wachsende Kostenunterdeckung aufwies[8]. Diese doppelte Bewegung läßt sich unschwer
deuten: in ihr spiegelt sich der Wandel der letzten beiden Jahrhunderte,
der die Presse aus der Randposition des von den Zensurbehörden des
feudalständischen Obrigkeitsstaates argwöhnisch beobachteten Unru-
hestifters in eine für den demokratischen Verfassungsstaat unverzicht-
bare Schlüsselposition kommunikativer Vermittlung gerückt hat. Zugleich entstand freilich das Problem, die wachsenden Defizite einzug-
renzen und abzubauen. Es führte anfangs der siebziger Jahre zu einem
Beschluß des Bundeskabinetts[9], in dem die Einschränkung der angebotenen Dienste, die Erschwerung des Zugangs und die grundlegende
Überprüfung des Systems mit dem Ziel vor allem der Kostenverringe-
rung angeordnet worden war. Da sich die Umsetzung dieses Beschlus-
ses als schwierig erwies, wurde eine aus Vertretern der Zeitungs- und
Zeitschriftenverleger wie der DBP gebildete „Gemeinsame Kommission PZD" beauftragt, Lösungen vorzuschlagen. Ihre Empfehlungen
hatten zur Folge, daß die „Besonderen Dienste" des Verpackens und
Addressierens von Zeitungen und des Einzugs von Zeitungsbezugs-
geld zum 1. Januar 1979 in die Eigenregie der Verlage übernommen

---

6 PostG-Novelle v. 20.12.1899 (RGBl. 715).

7 Gesetz über das Postwesen (BGB 1. I, 1006); zum historischen Zusammenhang vgl. *Steinmetz / Elias*, Geschichte der Deutschen Post Bd. 4 (1979)
205 f.

8 Zahlenangaben a. a. O. S. 206.

9 vom 31.10.1973; zu seinem Inhalt detailliert *Kohl / Haun* 47.

worden sind[10]. Seit diesem Zeitpunkt konzentriert sich der Postzeitungsdienst auf die Beförderung und die Auslieferung oder Zustellung von periodischen Druckwerken durch die DBP.

II. Der PZD vor der Poststrukturreform

1. Rechtsgrundlagen

Die Geschichte des PZD, die hier nur in grobem Umriß nachzuzeichnen war, erweist sich als komplexer Wirkungszusammenhang politischer, wirtschaftlicher und legislatorischer Veränderungen. Zu Beginn der achtziger Jahre beruhte der aus dieser Entwicklung hervorgegangene PZD auf den folgenden Rechtsgundlagen: Die Regelung der — öffentlich-rechtlichen — Beziehungen zwischen der Post und ihren Benutzern findet sich im — mittlerweile modifizierten, aber weiterhin gültigen — PostG[11]. Sein sachlicher Geltungsbereich umfaßt gemäß § 1 Nr. 2 den PZD, für den § 17 die Haftung gegenüber den Benutzern beschränkt. § 2 Abs. 1 statuiert den „Beförderungsvorbehalt" zugunsten der DBP, von dem „wiederkehrend erscheinende Druckschriften", d. h. Zeitungen und Zeitschriften, gemäß § 2 Abs. 3 Nr. 2 ausgenommen sind; § 8 begründet den Individualanspruch auf Zulassung zur Nutzung des Postwesens im Rahmen der in den Benutzungsordnungen festgelegten Bedingungen. Deren Ermächtigungsgrundlage fand sich in § 14 des — mittlerweile aufgehobenen — PostVerwG[12]. Die für den PZD maßgeblichen Bedingungen waren in der PostZtgO[13] festgelegt. Voraussetzung der Teilnahme war die schriftliche Zulassung (§ 2 Abs. 1). Anspruch auf Zulassung hatten Zeitungen und Zeitschriften, „die zu dem Zweck herausgegeben werden, die Öffentlichkeit über Tagesereignisse, Zeit- und Fachfragen zu unterrichten" (§ 5 Abs. 1 und 2). Amtliche Druckschriften (§ 5 Abs. 2) und zur Förderung der ideellen Ziele von Vereinen, Verbänden oder sonstigen Körperschaf-

---

[10] *Kohl / Haun* 48.

[11] Vgl. FN 7.

[12] Gesetz über die Verwaltung der Deutschen Bundespost v. 24.7.1953 (BGBl. I, 676).

[13] Postzeitungsordnung vom 10.7.1970 (BGBl. I, 1068).

ten herausgegebene Druckschriften (§ 5 Abs. 3) waren gleichgestellt. Diese in § 5 getroffene Abgrenzung wurde durch die Ausschlußtatbestände des § 6 verdeutlicht und konkretisiert; sie betrafen vor allem Periodika, die „zu dem Zweck herausgegeben werden, den geschäftlichen Interessen von Unternehmen, Vereinen, Verbänden und sonstigen Körperschaften unmittelbar oder mittelbar zu dienen"[14]. Die Höhe der zu entrichtenden Gebühren wurde jeweils in einer getrennten Postzeitungsgebührenordnung (PostZtgGebO)[15] festgelegt. Es war unstreitig, daß das durch die Inanspruchnahme des PZD begründete Nutzungsverhältnis dem öffentlichen Recht zuzuordnen war.

2. Die Zusammenarbeit von Post und Presse

Die in den siebziger Jahren begonnene Zusammenarbeit der Post mit den Vertretern der Presse wurde fortgesetzt. An die Stelle der „Gemeinsamen Kommission PZD" trat der „Arbeitskreis Post/Presse", der sich bis heute regelmäßig mit den Fragen der Gebührenstruktur und der Kostendeckung des PZD befaßt. Er setzt sich aus Vertretern der DBP, des Bundesverbandes Deutscher Zeitungsverleger (BDZV), des Verbandes Deutscher Zeitschriftenverleger (VDZ) und des Börsenvereins des Deutschen Buchhandels (AGZV) zusammen. In einer Sitzung, die am 13. Januar 1988 in Grünwald stattfand, verständigte sich der Arbeitskreis darauf, den Kostendeckungsgrad im PZD durch jährliche Gebührenerhöhungen von 53 % im Jahre 1987 auf 60 % im Jahre 1994 zu erhöhen. Diese Absprache wurde vom Bundesminister für das Post- und Fernmeldewesen und vom Bundeskabinett zustimmend zur Kenntnis genommen[16].

---

[14] Zur faktischen Bedeutung dieser Einschränkung s. unten .C. II. mit Nachweisen.

[15] zu ihr *Kohl / Haun* S. 53 f., Text und amtliche Begründung bei *Kohl,* Materialien zur PostZtgO und PostZtgGebO (1964).

[16] Das wurde bestätigt durch ein an die Mitglieder des Arbeitskreises Post / Presse gerichtetes Schreiben des Bundesministers für das Post- und Fernmeldewesen vom 1.6.1989; zum Ganzen näher *Becker,* Arbeitskreis Post / Presse: Sind befristete Vereinbarungen über die Kostensenkung im PZD einseitig kündbar? (Typoskript 1991) 1 ff.

III. Die Poststrukturreform

1. Ziele und Methoden

Die ausgangs der achtziger Jahre vollzogene Reform des Post- und Fernmeldewesens wurde vor allem durch den technischen Wandel auf dem Gebiet der Telekommunikation veranlaßt[17]; sie hat aber die übrigen Postdienste in nicht geringerem Maße erfaßt und erheblichen Veränderungen unterworfen. Vorrangiges Reformziel war die grundsätzliche Trennung der hoheitlichen von den unternehmerischen Aufgaben, um auf diese Weise größere Freiräume für Handeln nach marktwirtschaftlichen Prinzipien, d. h. größere Flexibilität im operativen wie im finanziellen und personellen Sektor zu erreichen[18]. Zu diesem Zweck wurden die unternehmerischen Aufgaben aus dem Bundespostministerium ausgegliedert und auf die eigens geschaffenen öffentlichen Unternehmen „DBP POSTDIENST" (die „gelbe Post"), „DBP TELEKOM (die „graue Post") und DBP POSTBANK übertragen. Die damit vollzogene (Teil-)Privatisierung ist nicht auf die Rechtsform begrenzt; in allen drei Unternehmensbereichen ist das traditionell dem öffentlichen Recht zugeordnete Benutzerverhältnis durch privatrechtliche Beziehungen zwischen der Post und ihren Kunden ersetzt worden[19]; das gilt auch für den durch die „gelbe Post" weitergeführten PZD.

2. Die neuen Rechtsgrundlagen

Für die Rechtsgrundlagen des Post- und Fernmeldewesens ist nunmehr — neben dem modifizierten PostG — vor allem das 1989

---

[17] Dazu *Schwarz-Schilling,* Deutscher Bundestag, Sten. Prot. 11 / 94, 6377; zu den Grundlagen umfassend *Scherer,* Telekommunikationsrecht und Telekommunikationspolitik (1985) insbes. 55 ff. und 181 ff.

[18] Vgl. die amtliche Begründung des BMPT zum Poststrukturgesetz (PostStruktG, März 1988) 1 f.

[19] Vgl. BGH ZIP 1990, 1191, 1192; VGH Mannheim NJW 1991, 512; *Müssig,* Privatrechtliche Zulassung bei Inanspruchnahme der Dienstleistungen der Unternehmen DBP Postdienst und DBPPostbank, NJW 1991, 472, 473.

verabschiedete Poststrukturgesetz (PostStruktG) maßgeblich[20]. Sein Artikel 1 enthält das Postverfassungsgesetz (PostVerfG)[21]. Es verfügt die Ausgliederung der erwähnten Unternehmensbereiche POST-DIENST, TELEKOM und POSTBANK (§ 1) und stellt klar, daß es sich bei dem dem Post- und Fernmeldewesen gewidmeten Bundesvermögen nach wie vor um ein Sondervermögen handelt, das zwar in drei Teilmassen gegliedert wird, aber weiterhin für die Verbindlichkeiten aus allen Unternehmensbereichen haftet (§ 2). § 4 definiert die Aufgaben der DBP: ihre Unternehmen haben nicht nur die Nachfrage nach Post-, Postbank- und Fernmeldediensten zu decken, sondern zudem „Infrastrukturdienste (Monopolaufgaben und Pflichtleistungen) und die notwendige Infrastruktur im Sinne der Aufgabenstellung, insbesondere der Daseinsvorsorge, nach den Grundsätzen der Bundesrepublik Deutschland zu sichern und der Entwicklung anzupassen". Gemäß § 37 Abs. 1 sollen die Erträge der einzelnen Dienste die Aufwendungen decken und die Bildung des in § 41 umschriebenen Eigenkapitals ermöglichen. Das gilt indessen nur prinzipiell; gemäß § 37 Abs. 2 bis 4 bleibt der Finanzausgleich nicht nur zwischen den einzelnen Diensten, sondern auch zwischen den Unternehmen zulässig. Durch die §§ 25 und 30 wird die Bundesregierung ermächtigt, durch Rechtsverordnung die Infrastrukturdienstleistungen (oder Pflichtleistungen) zu bestimmen, die die Postunternehmen „im besonderen öffentlichen Interesse, vor allem aus Gründen der Daseinsvorsorge, erbringen müssen", sowie die Rahmenvorschriften für die Inanspruchnahme der angebotenen Dienste zu erlassen. Von dieser Ermächtigung hat die Bundesregierung in der Postdienstverordnung (PostV)[22] Gebrauch gemacht. § 19 PostV enthält eine Regelung des PZD, die der der §§ 5 und 6 der früher maßgeblichen PostZtgO weitgehend entspricht; sie ist die „Benutzungsverordnung" i. S. des § 8 Abs. 1 PostG, die die Bedingungen für die Zulassung zum PZD festlegt[23].

---

[20] Gesetz zur Neustrukturierung des Post-und Fernmeldewesens und der Deutschen Bundespost (Poststrukturgesetz — PostStruktG) v. 8.6.1989 (BGBl. I, 1026).

[21] Gesetz über die Unternehmensverfassung der Deutschen Bundespost (Postverfassungsgesetz — PostVerfG) a. a. O.

[22] vom 24.6.1991 (BGBl. I, 1372).

[23] Dazu eingehend *Wauschkuhn / Diekgräf,* rechtliche Grundlagen des PZD (Typoskript 1991) 10 ff.

Für das Vertragsverhältnis zwischen der DBP POSTDIENST und den Kunden, die vom Angebot des PZD Gebrauch machen, gelten die „Allgemeinen Geschäftsbedingungen der DBP POSTDIENST für den PZD" (AGB PZD)[24]. Gemäß § 66 PostVerfG ist das PostVerwG aufgehoben; mit der in ihm enthaltenen Ermächtigungsgrundlage sind auch die PostZtgO und die PostZtgGebO entfallen. — Durch Art. 2 PostStruktG wird das PostG den veränderten Bedingungen angepaßt. Hervorzuheben sind § 7, der die erwähnte Umstellung vom öffentlichrechtlichen Benutzungs- zum privatrechtlichen Vertragsverhältnis verfügt, und der der Post durch § 8 auferlegte Abschlußzwang.

IV. Die den PZD betreffenden Pläne der DBP

1. Zur gesetzlichen Verankerung des PZD

Die die Postreform vollziehenden Rechtsvorschriften enthalten keinen Hinweis auf die Absicht, mit der langjährigen Praxis der Presseförderung durch den PZD zu brechen. Dieser wird zwar im PostVerfG nicht erwähnt, zählt aber auch nach der geänderten Fassung des PostG zu den Diensten, die die Post anzubieten hat (§ 1 Nr. 2) und für die sie ihre Haftung beschränkt (§ 17). Diese Kontinuität wird bestätigt durch die erwähnten Bestimmungen des § 19 PostV und der Ziffer 4 der AGB PZD, die an die Stelle der sachlich übereinstimmenden §§ 5 und 6 PostZtgO getreten sind und die Bedingungen festlegen, die für den Anspruch auf Zulassung zum verbilligten PZD maßgeblich sind.

2. Absichten und Vorgehen der DBP

Anlaß der Untersuchung ist eine Absicht der Post, die erstmals auf einer Sitzung des Arbeitskreises Post/Presse vorgetragen worden ist, die am 8. und 9. Oktober 1991 in Feldkirchen bei München stattgefunden hat („Feldkirchener Sitzung"). Das von der Post angestrebte Ziel

---

[24] Veröffentlicht per Verfügung P 105 / 1991 im Amtsbl. 12 v. 18.2.1991; geändert durch Verfügung P 358 / 1991 im Amtsbl. 33 v. 10.5.1991. Ziffer 4 legt — in mit § 19 PostV übereinstimmender Weise — fest, welche Periodika Anspruch auf Zulassung zum PZD haben.

sei, im PZD mittelfristig, d. h. bis Mitte der neunziger Jahre, eine Vollkostendeckung zu erreichen[25]. Zur Begründung wurde auf eine durch die Wiedervereinigung ausgelöste „Kostenexplosion", d. h. auf überproportionale Einbußen der Post im „Verkehrsgebiet Ost" (VGO) der neuen Bundesländer hingewiesen[26]. Zudem verlange das Post-StruktG, daß die Unternehmen der DBP nach betriebswirtschaftlichen Grundsätzen, d. h. zumindest kostendeckend geführt werden[27]. Deshalb seien die Tarifstruktur in der Weise zu ändern und die Tarife insoweit anzuheben, als dies erforderlich ist, um Erlöse zu erzielen, die nicht nur die Kosten der erbrachten Leistung abdecken, sondern zudem einen Gewinn abwerfen[28]. Diese Absicht ist in den sich anschließenden Sitzungen des Arbeitskreises Post/Presse weiter erörtert worden[29]. Zu einer völlig neuen und für die Vertreter der Presse überraschenden Entwicklung kam es auf der Sitzung des Arbeitskreises Post/Presse vom 30. April 1992[30]. In ihrem Verlauf präsentierte die Generaldirektion POSTDIENST eine vom Postvorstand bereits verabschiedete Preisliste, die eine durchschnittliche Preiserhöhung von 16 Prozent ab 1. Januar 1993 vorsieht[31]. Im Detail erweisen sich diese Preiserhöhungen als extrem disproportional: für höhergewichtige Objekte bleiben die Entgelte konstant, während sich der Vertrieb weniger gewichtiger Presseprodukte erheblich verteuert. Auf die sachlichen Einwände der Vertreter der Presseverbände erwiderte die Generaldirektion POSTDIENST, die neue Preisliste sei nicht mehr verhandlungsfähig. Die Pressevertreter haben dieses Vorgehen als „einseitiges Preisdiktat" verurteilt und die Verhandlungen mit der Post für gescheitert erklärt.

---

[25] Protokoll der Sitzung des Arbeitskreises Post/Presse am 8. und 9.10.1991 S. 2.

[26] ·a. a. O. S. 2 f.

[27] a. a. O. S. 1.

[28] a. a. O. S. 3 f.

[29] Vgl. die Protokolle der Sitzungen v. 5.12.1991 und vom 20.1.1992 sowie der Besprechung der Sprecher der Verlegerverbände im Arbeitskreis Post/Presse und der Generaldirektion Post am 19.2.1992.

[30] Vgl. dazu und zum Folgenden VDZ Informationen und Mitteilungen des Verbandes Deutscher Zeitschriftenverleger e. V. Postzeitungsdienst, Nr. 7 vom 24.5.1992.

[31] Die neue Preisliste ist der zitierten VDZ Information Nr. 7 als Anlage beigefügt.

3. Konsequenzen der angestrebten Änderungen

Die von der DBP POSTDIENST angestrebte Änderung hätte weitreichende Konsequenzen. Sie würde in vielen Fällen nicht nur einzelne Zeitungs- und Zeitschriftentitel, und nicht nur Verlage und Verbände, sondern letztlich die Bezieher von Zeitungen und Zeitschriften mit erheblichen Mehrkosten belasten. Ihre Verwirklichung bedeutete zudem, daß es ein eigenständiges Angebot „PZD" in Zukunft nicht mehr geben wird: der postalische Vertrieb von Zeitungen und Zeitschriften würde vielmehr nach den für alle übrigen Postsendungen maßgeblichen Grundsätzen und Tarifbedingungen erfolgen. Deshalb ist zu untersuchen, ob die DBP zu einer derart weitreichenden Veränderung befugt ist. Dafür ist zunächst nach der Rolle des PZD im Pressevertrieb zu fragen (Teil B). Anschließend sind die normativen Grundlagen der seit langem geübten Praxis zu verdeutlichen (Teil C). Aus diesen Prämissen ist der verfassungsrechtliche Standort des PZD herkömmlicher Prägung zu ermitteln (Teil D). Abschließend sind die Ergebnisse der Untersuchung zusammenzufassen (Teil E).

B. Die Rolle des PZD im Pressevertrieb

I. Aktuelle und potentielle Formen des Pressevertriebs

1. Einzelverkauf und Abonnement

Die Vertriebswege für periodische Druckschriften lassen sich in unterschiedlicher Weise beschreiben[32]. Für die Untersuchung des PZD empfiehlt es sich, von der Unterscheidung zwischen Einzelverkauf und Abonnement auszugehen.

a) Im Einzelverkauf ersteht der Erwerber ein einzelnes Exemplar einer Zeitung oder Zeitschrift von einem ambulanten Händler, der in der Regel nur ein Objekt (meist eine Straßenverkaufs- oder Boulevardzeitung) anbietet, oder von einer feststehenden Verkaufsstelle (Kiosk, Lebensmittelgeschäft, Tankstelle, Bahnhofs- oder sonstige Buchhandlung), die ein u. U. breites Sortiment in- und ausländischer Zeitungen und Zeitschriften anbietet. In beiden Fällen ist es Aufgabe des Vertriebs, die Periodika rasch und kostengünstig vom Verlag über den Handel zur jeweiligen Verkaufsstelle zu schaffen.

b) Im Abonnement hat der Bezieher einen auf Dauerbelieferung mit dem periodischen Druckwerk gerichteten Vertrag abgeschlossen, der den Verkäufer dazu verpflichtet, dafür Sorge zu tragen, daß das Presseerzeugnis zum versprochenen Zeitpunkt an die Wohn- oder Geschäftsadresse des Empfängers verbracht wird. Diese Form des Vertriebs dominiert in den Bereichen der Tageszeitungen sowie der Publikumszeitschriften (Magazine, Illustrierte etc.); Fach-, Verbands- und konfessionelle Zeitschriften werden ganz überwiegend, zum Teil nahezu ausschließlich über Abonnements abgesetzt[33].

---

[32] Vgl. etwa *Kaiser*, Das Recht des Presse-Grosso (1979) 14 ff., der das Presse-Grosso, den Bahnhofsbuchhandel, den werbenden Zeitschriftenhandel, das verlagseigene Abonnement, den Lesezirkel und den PZD nebeneinanderstellt. Ihm folgend *Ipsen*, Presse-Grosso im Verfassungsrahmen (1980) 13 und *Börner*, Der Vertrag zwischen Verlag und Pressegrossisten (1981) 11.

2. Presse-Grosso, verlagseigener Vertrieb und PZD

Die Erfassung der Rolle des PZD wird dadurch erschwert, daß sich beide Formen des Pressevertriebs sowohl presseeigener Organisationen als auch des Leistungsangebotes der DBP bedienen, um das jeweilige Vertriebsziel zu erreichen.

a) Im Bereich des Einzelverkaufs haben die Unternehmen des Presse-Grosso die Vermittlung zwischen den Verlagen und den Einzelverkaufsstellen übernommen. Letztere werden — mit Ausnahme des Bahnhofsbuchhandels, der direkt von den Verlagen bezieht — unmittelbar von den Grossisten beliefert. Für den Transport vom Verlag zum Grosso ist wiederum zu unterscheiden. Vor allem auflagenstarke Titel werden vom verlagseigenen Fuhrpark oder von einem vertraglich eingeschalteten Transportunternehmen ausgeliefert. Vor allem für auflagenschwächere Blätter werden die Leistungen des PZD in Anspruch genommen. Dabei sind regionale Differenzierungen möglich: derselbe Titel kann bestimmten Grossisten direkt vom Verlag und anderen über die Post zugeleitet werden[34].

b) Auch im Bereich der Abonnementpresse ist zu unterscheiden. Die lokalen und regionalen Tageszeitungen werden ganz überwiegend von verlagseigenen Zustellorganisationen „ausgetragen". Häufig wird eine andere Tageszeitung gegen entsprechendes Entgelt — im „Huckepackverfahren" — mit dem eigenen Blatt zusammen zugestellt[35]. In — sich vermehrenden — Einzelfällen wird ein derartiges Netz in der Form einer Zustellgemeinschaft von mehreren Verlagen gemeinsam betrieben und genutzt. Alle übrigen Abonnements werden über den PZD ausgeführt. Das gilt insbesondere für lokale und regionale Tageszeitungen außerhalb ihres eigentlichen Vertriebsgebietes, für

---

[33] Quantitative Angaben bei *Kaiser* a. a. O. S. 13; *Stumpf,* Sollte der PZD zur Pflichtleistung erklärt werden? Wiss. Institut für Kommunikationsdienste, Diskussionsbeitrag Nr. 73 (1991) S. 4.

[34] Dazu *Knoche / Zerdick* u. a., PZD und alternative Zustellformen im Vertriebssystem der Presse, Wiss. Institut für Kommunikationsdienste, Diskussionsbeiträge Nr. 80 (1992) S. 21 f.

[35] Das gilt vor allem für überregionale Tageszeitungen, die vielfach von den Zustellorganisationen der regionalen und lokalen Presse „mitgenommen" werden.

überregionale Tageszeitungen außerhalb ihrer Schwerpunktbereiche, für abonnierte Publikumszeitschriften sowie für die weit überwiegende Mehrzahl der Fach- und Verbandszeitschriften. In dünn besiedelten Gebieten findet der PZD auch im Kernvertriebsgebiet Verwendung.

3. Zur Frage eines „Alternativen Zustelldienstes" (AZD)

Der Befund, daß die Presse über (verlagseigene) lokale und/oder regionale Zustellorganisationen verfügt, legt die Frage nahe, ob sie den Pressevertrieb nicht zur Gänze in eigener Regie übernehmen und somit auf einschlägige Dienstleistungen der Post verzichten könnte und sollte. Ein solcher „Alternativer Zustelldienst" (AZD) ist gelegentlich erörtert worden[36]. Er wäre zwar gemäß § 2 Abs. 3 Nr. 2 PostG zulässig; es dürften ihm aber beträchtliche Probleme und Schwierigkeiten im Wege stehen:

a) Zunächst müßte die Presse ein übergreifendes und flächendeckendes Vermittlungs- und Beförderungsnetz aufbauen, das die bestehenden Zustellorganisationen integrieren und dafür Sorge tragen müßte, daß alle einbezogenen Presseprodukte rasch und zuverlässig vom Ort ihrer technischen Herstellung in die regionalen und lokalen Vertriebssysteme gelangen. Das erforderte den Einsatz erheblichen Kapitals, dessen anteilmäßige Aufbringung zumindest einige Presseverlage überfordern dürfte[37]. Zudem wären derartige Investitionen gesamtwirtschaftlich fragwürdig, da eine solche übergreifende Vermittlungs- und Beförderungsorganisation in der Gestalt der DBP POSTDIENST schon besteht und kein wirtschaftlicher Bedarf nach einem zweiten — vermutlich nicht weniger kostspieligen — Netz ersichtlich ist[38].

b) Für die Verlage wäre der Aufbau eines gemeinsamen AZD aus einem weiteren Grunde ein sehr problematisches Unterfangen. Kraft

---

[36] Vgl. *Knoche / Zerdick* a. a. O. S. 35 ff.; *Pieper,* Der PZD und die Wettbewerbssituation auf dem Zustellmarkt für Presseerzeugnisse, Wiss. Institut für Kommunikationsdienste, Diskussionsbeiträge Nr. 74 S. 26 ff.

[37] *Pieper* a. a. O. S. 31 geht von einem Personalbedarf von 57.000 Mitarbeitern aus.

[38] Diese Kostennachteile dürften unstreitig sein. Vgl. neuerdings insbes. EG-Kommission, Grünbuch über die Entwicklung des Binnenmarktes für Postdienste (1992) 199 f.

des „Beförderungsvorbehaltes" gemäß § 2 Abs. 1 und 2 PostG verfügt die DBP POSTDIENST weiterhin über das uneingeschränkte Monopol zur Beförderung von Briefsendungen, Drucksachen und allen anderen nichtperiodischen schriftlichen Mitteilungen und Nachrichten. Für den Fall, daß sich die DBP dazu entschließt, ihren PZD fortzusetzen oder zu einem späteren Zeitpunkt wieder aufzunehmen, sähe sich jeder AZD mit gravierenden Wettbewerbsnachteilen konfrontiert: da allein die Post neben den Zeitungen auch Briefe befördern darf, kann sie ihre Einrichtungen effizienter und damit kostengünstiger nutzen. Zudem wäre es ihr gemäß § 37 Abs. 4 PostVerfG gestattet, den „Wettbewerbsdienst" PZD aus den Erträgen des „Monopoldienstes" der Briefbeförderung zu subventionieren[39]. Satz 2 dieser Vorschrift eröffnet zwar die Möglichkeit einer gouvernementalen Intervention gegen eine derartige Praxis; gemäß Satz 4 hätten die Verleger aber keine rechtliche Möglichkeit, die zuständigen Bundesressorts zum Einschreiten zu veranlassen.

c) Schließlich sollten die regional-, ordnungs- und verfassungspolitischen Probleme nicht übersehen werden, mit denen ein derartiger AZD konfrontierte[40]. Soll die Beschränkung auf die lukrativen Ballungsgebiete vermieden werden, dann wäre eine umfassende Bündelung und Kartellierung des Pressevertriebs vonnöten: die Verlage müßten ihren Vertriebsbereich in eine Art übergreifendes Gemeinschaftsunternehmen einbringen und damit einen erheblichen Teil ihrer wirtschaftlichen Selbständigkeit und Unabhängigkeit aufgeben. Die Folgen einer derartigen Konzentration sind schwer abzusehen. Sie wären jedenfalls beträchtlich; und sie illustrieren damit die wettbewerbspolitische und die verfassungsstrukturelle Bedeutung einer neutralen Infrastrukturleistung, wie sie die DBP derzeit in der Form des PZD erbringt.

---

[39] Dazu *Knoche / Zerdick* a. a. O. S. 79.

[40] Es sei nur an den Widerstand des Bundeskartellamtes gegen die Verlagsbeteiligungen am Presse-Grosso in den neuen Bundesländern erinnert; vgl. den Tätigkeitsbericht 1989 / 90, BT-Drucks. 12 / 847, S. 106.

II. Umfang und Formen des PZD

1. Umfang des PZD

Der Umfang des PZD läßt sich in mehrfacher Weise erfassen. Derzeit sind einbezogen ca. 10.000 Titel, von denen ca. 1.200 auf Tageszeitungen, ca. 4.000 auf Fachzeitschriften, ca. 3.000 auf Vereins- und Verbandsblätter und ca. 360 auf konfessionelle Blätter entfallen[41]; das entspricht einer Postauflage von 124 Millionen (Tageszeitungen: 1 Million)[42]. Das Volumen ist kontinuierlich — und proportional zu den anderen Diensten der „gelbe Post" — gestiegen: 1986 wurden 12,3 Milliarden Briefe, 0,49 Milliarden Päckchen und Pakete und 1,67 Milliarden Stück Zeitungen und Zeitschriften befördert; 1990 hatten sich diese Zahlen auf 13,1, 0,55 und 2,0 Milliarden erhöht[43].

Nach Einschätzung der DBP beschäftigt der Bereich PZD ungefähr 18.000 Arbeitskräfte[44].

2. Arten von Sendungen

Im Rahmen des PZD werden derzeit die folgenden drei Arten von Sendungen angeboten[45]:

a) Postvertriebsstücke sind an die Einzelempfänger adressierte Zeitungs- und Zeitschriftenexemplare, die die Verlage zum Versand zu „Zeitungsbunden"[46] zusammenfassen. Die Bunde werden beim Zu-

---

[41] Das Statistische Jahrbuch 1990, 33, gibt für den Jahresbeginn 1991 10.377 Titel und 1.181 Tageszeitungen an; weitere Angaben finden sich im Statist. Monatsheft der DBP POSTDIENST, Mai 1992, 15 ff.

[42] *von Kuk*, Der PZD — eine politische Institution, FAZ v. 19.1.1992 S. 7; weitere Angaben bei *Knoche / Zerdick* S. 58.

[43] *Lütge*, Wohin geht die Post ab? DIE ZEIT v. 26.9.1991.

[44] Angabe von Herrn *Bernhard Mauz*, Fachbereichsleiter der Generaldirektion POSTDIENST, auf der Sitzung der VDZ-Postkommission v. 17.1.1992; vgl. Prot. S. 6.

[45] Angaben bei *Haun*, Der PZD im vereinigten Deutschland — noch uneinheitlich, Post-Praxis 1991, 201 ff.; bei dems., Gebührenerhöhungen im PZD für 1990 und 1991, Post-Praxis 1989, 275 ff.; vgl. auch Ziff. 5 AGB PZD.

stellamt[47] geöffnet, und die Einzelsendungen auf die Zustellbezirke und Amtsstellen verteilt. Die Postvertriebsstücke sind mit weit über 90% an den im PZD erzielten Umsätzen beteiligt[48]. 1990 wurden ca. 1,75 Milliarden Zeitungs- und Zeitschriftenexemplare als Postvertriebsstücke ausgeliefert[49].

b) Postzeitungsgut sind paketartige Sendungen mit Zeitungen und Zeitschriften an Sammelempfänger (Verkaufsstellen wie Kioske, Einzelhandelsgeschäfte etc.), oder an Verteilorganisationen, die den weiteren Vertrieb (Verkauf oder Zustellung) besorgen oder veranlassen. Das Postzeitungsgut ist zu weniger als 5% an den Umsätzen des PZD beteiligt[50].

c) Streifbandzeitungen sind Zeitungs- oder Zeitschriftenexemplare, die einzeln im Streifband oder in anderer Umhüllung vom Verlag oder von einer Zeitungsvertriebsstelle an den jeweiligen Empfänger versandt werden. Der Anteil am PZD beträgt mehr als das Doppelte des Anteils des Postzeitungsguts, aber weit weniger als 10% des Anteils der Postvertriebsstücke[51].

d) Im Gebiet der früheren DDR — heute: Verkehrsgebiet Ost (VGO) — gab es zudem die Formen des Zeitungsvertriebs und — als Übergangslösung — der Zeitungsdrucksache, die zunächst weitergeführt worden sind, aber mittlerweile nicht mehr angeboten werden[52].

---

46 Unterschieden werden „Ortsbunde", „Zustellamtsbunde", „Landbunde", „Leitungsbereichsbunde" und „Leitabschnittsbunde"; vgl. *Haun* a. a. O. (Post-Praxis 1991) S. 202.

47 bzw. beim „Bereichsknotenamt" oder beim „Abschnittsknotenamt".

48 *Haun* a. a. O. (Post-Praxis 1989) S. 276.

49 Statist. Jahrbuch 1990, 33.

50 a. a. O.

51 a. a. O.

52 Das ergibt sich aus den AGB PZD.

III. Die Finanzierung des PZD

1. Kostenunterdeckung

Die Post klagt seit langem über Kostenunterdeckung im PZD. 1958 wurde die betriebswirtschaftliche Ergebnisrechnung auf Teildienstzweige erstreckt[53]; seither verfügt die Post über Zahlenmaterial, dessen Aussagekraft hier nicht zu überprüfen ist. Für die sechziger Jahre wird ein jährlicher Kostendeckungsgrad verzeichnet, der durchweg unter 50 % liegt[54]. Im Verlauf der achtziger Jahre ist es mehrfach gelungen, die Kostenunterdeckung beträchtlich zu reduzieren, ohne die Einrichtung des PZD als einer die Presse fördernden Infrastrukturleistung grundsätzlich in Frage zu stellen; das dürfte vor allem auf die erfolgreiche Zusammenarbeit von Post und Presse — zunächst in der „Gemeinsamen Kommission PZD", anschließend im „Arbeitskreis Post/Presse" — zurückzuführen sein[55]. Durch die Vereinigung mit der früheren DDR hat sich die Lage erneut verschlechtert; nach den Angaben der DBP belief sich die Unterdeckung 1990 im VGW auf 600 und im VGO auf 280 Millionen DM[56]; für 1991 sind diese Zahlen auf 605 und 315 Millionen angestiegen[57]; Vertreter der DBP haben in diesem Zusammenhang von einer durch die Wiedervereinigung ausgelösten „Kostenexplosion im Postdienst" gesprochen[58].

2. Formen und Möglichkeiten der Querfinanzierung

Die von der DBP vielfältig gebrauchte Formel von der „Kostenunterdeckung im PZD" suggeriert, daß die Presse finanziell unterstützt, d. h. subventioniert wird, und daß die Post die daraus entstehenden Verluste durch aus anderen Quellen erzielte Einnahmen auszugleichen hat. Dieser Eindruck ist gewiß nicht prinzipiell oder gar in allen Fällen unrichtig; bei näherer Betrachtung ergibt sich indessen ein nicht unwe-

---

53 *Stein / Elias* a. a. O. (FN 7) S. 206.

54 Vgl. die Aufstellung bei *Stein / Elias* a. a. O.

55 Vgl. oben A. II. 2.

56 Prot. der Sitzung des Arbeitskreises Post / Presse v. 8. / 9.10.1991 S. 1.

57 Prot. der Sitzung des Arbeitskreises Post / Presse v. 20.1.1992 S. 2.

58 Vgl. das Prot. der Sitzung v. 8. / 9.10.1991 S. 2.

sentlich differenzierteres Bild. Das verfügbare Material, das freilich kein völlig klares Bild von der Kosten- und Ertragsstruktur der DBP vermittelt, legt es nahe, von den folgenden Beobachtungen und Abstufungen auszugehen:

a) Zunächst besteht Anlaß zu der Annahme, daß das von der Post angestrebte Ziel, ihre Dienstleistungen künftig nur noch kostendeckkend (einschließlich eines angemessenen Gewinns als Entgelt für das zur Verfügung gestellte Eigenkapital) anzubieten, nicht ohne Abstriche verwirklicht werden kann. Das Leistungsangebot der Post — sei es im Bereich der Briefe, Drucksachen und Pakete oder im PZD — impliziert ein Massengeschäft, das betriebswirtschaftlich sinnvoll nur zu standardisierten Bedingungen abgewickelt werden kann. Das zu entrichtende Entgelt bleibt dasselbe, wenn ein Brief oder eine Zeitschrift nicht von Bonn nach Köln befördert, sondern von Kampen auf Sylt zu einem Empfänger auf der Insel Reichenau im Bodensee verbracht werden soll, obwohl die Kostenbelastung im letzteren Fall wesentlich höher sein wird. Daraus folgt, daß Kostendeckung nicht für einzelne Leistungen, sondern allenfalls für abgrenzbare Leistungskategorien oder aber nur für unterschiedliche Dienste angestrebt und erreicht werden kann[59]. Und der Umfang der jeweils registrierten Defizite oder Überschüsse wird wiederum nicht zuletzt davon abhängen, wie die einzelnen Kategorien definiert und voneinander abgegrenzt werden.

b) Aus den von der Post vorgelegten Berechnungen[60] ergibt sich, daß nach den von ihr angestrebten Änderungen des Tarifsystems und der Höhe der zu entrichtenden Entgelte für die Inanspruchnahme des PZD nicht in allen Fällen mehr als bisher zu bezahlen wäre: eine Reihe von — auflagenstarken und gewichtigen — Blättern, wie etwa DER SPIEGEL, würden sich nach den reformierten Sätzen besser stellen. Das zeigt, daß der PZD in seiner überlieferten Prägung nicht zuletzt „Querfinanzierung" zwischen den beförderten Druckwerken und den diese herausgebenden Verlagen bedeutet. Und das heißt wie-

---

[59] Anders ausgedrückt: mit der „Tarifeinheit im Raum" sind zwingend „geographische Quersubventionen verbunden", EG-Grünbuch a. a. O. (FN 38) S. 126, 134 u. 235.

[60] Vgl. das Protokoll der Sitzung des Arbeitskreises Post / Presse v. 8. / 9.10.1991 S. 4.

derum, daß der PZD zunächst Alimentationsbeziehungen innerhalb der Presse begründet: es sind die erwähnten auflagenstarken und umfangreichen Publikumszeitschriften, aber auch schwergewichtige und umfangreiche überregionale Tageszeitungen, die den bundesweiten Vertrieb von — vor allem auflagenschwachen — Tageszeitungen und — vorwiegend leichtgewichtigen — Fachzeitschriften sowie von konfessionellen Blättern unterstützen und fördern.

c) Der Befund einer generellen Kostenunterdeckung im PZD drängt freilich den Schluß auf, daß die Beförderung und Zustellung von Zeitungen und Zeitschriften auch durch andere entgeltliche Dienste der Post finanziell unterstützt wird. Seit der organisatorischen Trennung der Postbank und des Telekommunikationsbereiches von der „gelben Post" kommt für diese Form der Querfinanzierung primär der Brief- und Paketdienst in Betracht. Aber auch für den Ausgleich innerhalb des Unternehmens DBP POSTDIENST ist weiter zu differenzieren. In den Verhandlungen mit den Vertretern der Presse hat die Post mehrfach betont, daß der PZD seine „Wegfallkosten" voll erbringt und das Problem der Unterdeckung allein darin besteht, daß er nicht länger ausreichende Deckungsbeiträge zum „Netz" leistet[61]. Daraus ergibt sich, daß der PZD seine Grenzkosten in vollem Umfang erbringt; die Querfinanzierung oder Subventionierung besteht allein darin, daß der PZD weniger als die anderen Dienste zur Erhaltung und zum Ausbau der notwendigen operativen Infrastruktur beiträgt. Dies bedeutet aus der Sicht der anderen Postkunden, daß sich ihre Lage nicht verbesserte, wenn der PZD gänzlich eingestellt oder auf einen presseeigenen AZD übertragen würde: insoweit handelt es sich um eine sehr schwache und milde Form der Subventionierung oder Querfinanzierung. Dieser Sachverhalt wurde am 3. Juni 1992 in einer Sitzung des Bundestagsausschusses für Post und Telekommunikation bestätigt: „Zur Überraschung aller Bundestagsabgeordneten räumte der Vertreter des Postdienstes auf Nachfrage ein, daß nach einer Wegfall-Kostenanalyse die Verluste des Postdienstes bei einer völligen Einstellung des Postzeitungsdienstes in fünf bis sieben Jahren genau so hoch wären wie bei dessen Beibehaltung. In der Übergangszeit stiegen diese Verluste sogar noch an, obwohl der Postzeitungsdienst eingestellt

---

[61] Vgl. die Protokolle der Sitzungen des Arbeitskreises Post / Presse v. 5.12.1991 S. 3 und 6 und vom 17.1.1992 S. 7

würde"[62]. Eine im Auftrag der DBP durchgeführte Untersuchung resümiert diesen Befund zutreffend dahin, daß ein PZD-Angebot für die Post solange wirtschaftlich vorteilhaft bleibt, „wie durch eine Einstellung des PZD auf lange Sicht mehr Erlöse als Kosten wegfallen würden"[63].

d) Aus dem vorstehend erläuterten Sachverhalt ergibt sich, daß die Existenz des PZD den anderen Postkunden derzeit keine zusätzlichen Belastungen auferlegt. Insoweit ist zu bezweifeln, daß es sich bei der registrierten Praxis um den — durchaus zulässigen — „Ausgleich zwischen den Diensten eines Unternehmens" gemäß § 37 Abs. 2 PostVerfG handelt; das wäre mit Sicherheit erst dann der Fall, wenn der Betrieb des PZD die übrigen Dienste mit echten Mehrkosten belasten würde. Nach den derzeit verfügbaren Informationen erweist sich der Postzeitungsdienst als eine für die übrigen Kunden kostenneutrale Form der zusätzlichen Nutzung eines ohnehin bestehenden Verteilnetzes.

e) Eine noch weiter gehende Form der Querfinanzierung oder Subventionierung läge dann vor, wenn der Betrieb und die Fortführung des PZD von Deckungsleistungen der anderen beiden Postunternehmen, TELEKOM und POSTBANK, abhinge. Auch dieser Finanzausgleich wäre zulässig; er ist gemäß § 37 Abs. 2 PostVerfG sogar vorgeschrieben, wenn eines der drei Unternehmen wegen der gemäß § 4 PostVerfG angeordneten Infrastrukturleistungen nicht in der Lage ist, die erforderlichen Aufwendungen aus eigenen Mitteln zu decken.

f) Eine letzte Möglichkeit bestünde darin, daß der PZD nicht aus Erträgen der Post, sondern aus allgemeinen Mitteln des Staates gefördert wird. Diese Form der Subventionierung ist — soweit ersichtlich — bislang nicht praktiziert worden. Sie wird auch nicht angestrebt; deshalb besteht kein Bedarf, sie weiter zu erörtern.

---

[62] Woche im Parlament vom 11.6.1992 (10/92) 57.

[63] *Stumpf* a. a. O. (FN 33) S. 10.

IV. Die Folgen eines Wegfalls des PZD

Wie bereits dargelegt[64] ist von einem Wegfall des PZD in seiner geschichtlich gewordenen Gestalt auszugehen, wenn die von der DBP angestrebten kostendeckenden und gewinnträchtigen Entgelte zu entrichten sind.

1. Unterschiedliche Betroffenheit unterschiedlicher Formen der Presse

Von dieser Änderung wären unterschiedliche Formen der Presse in unterschiedlicher Weise betroffen:

a) Bei den Tageszeitungen würde sich ein solcher Wandel kaum zu Lasten der Einzelverkaufs-, jedoch um so stärker zum Nachteil der Abonnementzeitungen auswirken. Zwar werden Lokal- und Regionalblätter überwiegend durch presseeigene Vertriebsorganisationen zugestellt; die Abonnenten erwarten jedoch, daß sie die ihnen vertraute Zeitung auch bei vorübergehendem (Urlaub) oder dauerndem (Wegzug) Ortswechsel zu annehmbaren Bedingungen weiterbeziehen können: auch der Bundeskanzler ist auf den PZD angewiesen, wenn er die in seinem Wahlkreis erscheinende RHEINPFALZ pünktlich erhalten will[65]. Noch gravierender wäre die Beeinträchtigung bei den überregionalen Tageszeitungen (FAZ, Frankfurter Rundschau, Handelsblatt, Süddeutsche, TAZ, WELT). Sie werden zwar auch an Kiosken angeboten und verfügen meist über Schwerpunktgebiete, in denen sie von presseeigenen Zustellorganisationen ausgetragen werden[66]. Für einen erheblichen Teil ihrer Auflage sind sie jedoch auf den PZD angewiesen; für einzelne Titel, wie das Handelsblatt und die TAZ, ist das ganz überwiegend der Fall. Dabei geht es vor allem um die von ihnen gemeinsam wahrgenommene Funktion: in ihrer Gesamtheit eröffnen sie dem Leser an jedem Ort die Chance, sich mittels einer seinen politischen Präferenzen, beruflichen Bedürfnisse und kulturel-

---

[64] Vgl. oben A. IV.

[65] Insoweit ist eine Alternative zum Postvertriebsstück nicht ersichtlich; ohne dieses wäre ein derartiges Angebot nicht länger möglich.

[66] Vgl. oben I.

len Interessen entsprechenden Tageszeitung zu unterrichten. Das hat
— wie noch zu erörtern sein wird[67] — außerordentliche Bedeutung
für die kulturelle und die politische Integration des Gemeinwesens.

b) Auch bei den Publikumszeitschriften ergibt sich kein einheitliches Bild. Sie werden zu einem erheblichen Teil über das Presse-Grosso und den Straßenverkauf vertrieben[68]. Vor allem auflagenschwächere Titel sind jedoch auch insoweit, d. h. für die Belieferung der Grossisten, auf den PZD angewiesen. Das gilt in noch stärkerem Maße für den im Abonnement vertriebenen Teil ihrer Auflage. Dabei ist zu berücksichtigen, daß der Einzelverkauf allenfalls partiell als funktional gleichwertige Bezugsquelle betrachtet werden kann: vor allem für alte und kranke Interessenten dürfte die Zustellung durch die Post nicht zu ersetzen sein.

c) Das gilt in noch wesentlich stärkerem Maße für konfessionelle Titel und für Verbandszeitschriften. Ihr Vertriebskonzept[69] und ihre Vielfalt[70] schließen den Einzelverkauf regelmäßig aus. Zustellung durch die eigene Organisation wäre, soweit technisch überhaupt machbar, mit prohibitiven Aufwendungen verknüpft. Deshalb ist eine Alternative zum PZD nicht ersichtlich.

d) Für die Fachzeitschriften ist belegt, daß sie zu mehr als 90 % über den PZD vertrieben werden[71]. Deshalb ist auch für ihren Bereich davon auszugehen, daß die Einrichtung des PZD unverzichtbar ist[72].

---

[67] Vgl. unten 3. und C. III. 2.

[68] Vgl. oben I.

[69] Die Blätter werden vielfach aus den Beiträgen finanziert und deshalb den Mitgliedern nicht gesondert berechnet.

[70] An den Verkaufsstellen kann nur eine beschränkte Anzahl von Titeln vorgehalten und angeboten werden.

[71] Für das Jahr 1983 wurde festgestellt, daß wissenschaftliche Fachzeitschriften zu 97,8 % und die übrigen zu 92,6 % mit Hilfe der Post zugestellt worden sind; so der Bericht der Bundesregierung über die Lage der Medien in der Bundesrepublik 1985 (Medienbericht '85; BT-Drucks. 10/5663) S. 129.

[72] Das nimmt auch das EG-Grünbuch a. a. O. (FN 38) S. 364 an.

2. Reichweiten-, Substanz- und Bestandsverluste

Zusammenfassend ist festzuhalten, daß die Presse fast durchweg in erheblichem Maße auf den PZD angewiesen ist; für weite Bereiche ergibt sich daraus eine existentielle Abhängigkeit. Damit ist freilich noch nicht geklärt, welche Auswirkungen den von der Post angestrebten Veränderungen der Tarifstruktur und der Höhe der Entgelte beizumessen sind. Die DBP hat dazu ein — offenbar umfangreiches — Gutachten erstellen lassen, über dessen Ergebnisse ausschnittweise in zwei Teilveröffentlichungen berichtet wird. Sie kommen zu dem Ergebnis, „daß Abonnement-Preiserhöhungen im Zusammenhang mit Gebührenerhöhungen im PZD nicht in nennenswertem Umfang zu Abbestellungen von Abonnements führen würden"[73], und daß die Presseverlage durch die Verteuerung des PZD „im Durchschnitt wirtschaftlich nicht gefährdet" würden: „angesichts des geringen Anteils der PZD-Gebühren am Gesamtumsatz der Verlage würden sogar erhebliche Erhöhungen dieser Gebühren nicht zu einer Gefährdung der Wirtschaftlichkeit der Verlage führen"[74]. Diese Befunde, deren empirische Basis hier nicht überprüft werden kann[75], bedürfen einer differenzierenden Betrachtung: die gewählten Kategorien der „Preiserhöhungsakzeptanz"[76] und der „Wirtschaftlichkeit der Verlage"[77] betreffen zwar wichtige Teilaspekte des Problems, reichen aber nicht aus, den relevanten Fragenzusammenhang angemessen zu erfassen. Die Verteuerung des Vertriebs durch Anheben der im PZD zu entrichtenden Entgelte kann sich in mehrfacher Weise auswirken; es lassen sich Reichweiten-, Substanz- und Bestandsverluste unterscheiden[78]:

---

[73] *Knoche / Zerdick* u. a., Bedeutung des PZD und Preiserhöhungsakzeptanz in der Bevölkerung, Wiss. Institut für Kommunikationsdienste, Diskussionsbeiträge Nr. 67 (1991; im Folgenden zit. *Knoche / Zerdick* I) S. III.

[74] *Knoche / Zerdick* u. a., Die Wirtschaftlichkeit der Verlage und der PZD, Wiss. Institut für Kommunikationsdienste, Diskussionsbeiträge Nr. 68 (1991; im Folgenden zit. *Knoche / Zerdick* II) S. 1.

[75] Das ist schon deshalb nicht möglich, weil nicht mitgeteilt wird, in welcher Weise (z. B. mittels welcher Fragen) die mitgeteilten Daten erhoben worden sind.

[76] *Knoche / Zerdick* I.

[77] *Knoche / Zerdick* II.

[78] Vgl. *Kübler,* Zur Wettbewerbswidrigkeit von „Offertenblättern", AfP 1988, 309, 311 f.

a) Reichweitenverluste sind zu verzeichnen, wo die Verteuerung der Zeitung oder Zeitschrift zum Verzicht auf den Bezug führt. Die pauschale Schlußfolgerung, Erhöhungen des Abonnementspreises würden nicht „in nennenswertem Umfang" zu Abbestellungen führen[79], wird durch die Ergebnisse der Untersuchung nicht getragen. Denn bei immerhin 25 % der Befragten wurde mangelnde „Preiserhöhungsakzeptanz" festgestellt: sie würden im Falle einer Preiserhöhung von 50 Pfennig auf das Abonnement der von ihnen bezogenen Zeitschrift verzichten; zudem äußerten sich „relativ viele Leser" unentschieden[80]. Es ist nicht erstaunlich, daß sich die „Preiserhöhungsakzeptanz" bei den Befragten mit niedrigem Bildungsniveau[81], niedrigem Haushaltseinkommen[82] und — mit letzterem wohl zusammenhängend — bei den unter 30- und über 50-jährigen[83] als besonders gering erweist. Dieser Befund gibt Anlaß zu der Annahme, daß es bei durch den Wegfall des PZD ausgelösten Preiserhöhungen gerade im „sozialen Randfeld" in erheblichem Umfang zu Abbestellungen kommen würde: es wären die in mehrfacher Hinsicht besonders Bedürftigen, die sich zum Verzicht auf den Bezug und die Nutzung von Zeitungen und Zeitschriften veranlaßt sähen. Dieser Effekt wäre nicht nur unter dem Gesichtspunkt einer zunehmend defizitären „Grundversorgung" zu beklagen; er hätte zudem zur Folge, daß die Zahl derjenigen erheblich zunähme, die von der Teilnahme an der aktuellen Kommunikation durch das gedruckte Wort ausgeschlossen sind und somit von den durch die Presse vermittelten Impulsen politischer und kultureller Integration nicht mehr erfaßt werden.

b) Die von der Gebührenerhöhung betroffenen Verlage stünden freilich vor der Wahl, ob sie die Mehrkosten durch entsprechende Erhöhung des Bezugspreises an ihre Leser weitergeben oder aber unternehmensintern auffangen und „absorbieren" wollen. Jede dieser Alternativen, die sich in der verlagskaufmännischen Praxis beliebig

---

[79] *Knoche / Zerdick* I a. a. O.

[80] a. a. O. S. 13. Die Publikation läßt nicht erkennen, inwieweit diese Antwort als zuverlässig qualifiziert werden darf; es ist nicht auszuschließen, daß das Ergebnis durch die häufig zu beobachtende Scheu verzerrt wird, dem Befrager Bedürftigkeit einzugestehen.

[81] a. a. O. S. 18.

[82] a. a. O. S. 20.

[83] a. a. O. S. 18.

kombinieren lassen, bedeutet einen Substanzverlust: Unternehmen bü
ßen zumindest einen Teil ihrer Ertragskraft ein, wenn sie Abnehmer
verlieren und/oder daran gehindert sind, Kostensteigerungen durch
Preiserhöhungen abzuwälzen. Diese Substanzverluste können auch
dann von beträchtlichem Gewicht sein, wenn die These zutrifft, daß
erhebliche Erhöhungen der für den PZD verlangten Entgelte die Wirtschaftlichkeit der Presseverlage nicht gefährden kann, da diese Entgelte am Gesamtumsatz der Verlage nur geringfügig beteiligt sind und
die Verlage als „im Durchschnitt" rentable Unternehmen „im Durchschnitt" wirtschaftlich nicht gefährdet sind[84]. Denn zunächst bedeutet
jeder derartige Substanzverlust, daß die Leistungsfähigkeit des Presseunternehmens gemindert wird und ein Ausgleich, etwa durch Kürzungen im redaktionellen Bereich, zu bewirken ist. Noch wichtiger ist
indessen, daß der angeführte Befund nur „im Durchschnitt" gilt. Das
heißt in concreto, daß es neben wirtschaftlich starken Verlagen, die
die erwähnten Einbußen ohne größere Schwierigkeiten auffangen können, kraft Marktstellung und Finanzausstattung schwache Unternehmen gibt, deren Kapazität zur Absorption zusätzlicher Belastungen
äußerst gering ist. Hinzu kommt, daß sich die erörterte Variabilität
der „Kostenerhöhungsakzeptanz" bei den einzelnen Blättern und Verlagen sehr unterschiedlich niederschlagen würde. Hier ergibt sich ein
breites Spektrum möglicher Kombinationen. Auf der einen Seite steht
ein markt- und ertragsstarker Verlag, dessen Produkte durch beträchtliche „Preiserhöhungsakzeptanz" ausgezeichnet sind: er wird in der
Lage sein, Kostensteigerungen im PZD vergleichsweise problemlos
aufzufangen. Auf der anderen Seite ist aber mit markt- und finanzschwachen Presseunternehmen zu rechnen, deren Blätter über sehr
geringe „Preiserhöhungsakzeptanz" verfügen. Vor allem sie würden
vom Wegfall des PZD betroffen: die Strategie der Post scheint darauf
abzuzielen, die Entstehung eines AZD auch dadurch zu erschweren,
daß die Preise für die auflagen- und anzeigenstarken Blätter stabil
gehalten und für die übrigen kräftig erhöht werden.

c) In derartigen Fällen können Substanzverluste eine Spirale auslösen, die schließlich zu Bestandsverlusten führt. Wenn Einnahmeneinbußen oder Kostenerhöhungen nur mit der Verschlechterung des redaktionellen Angebots beantwortet werden können, drohen (weitere)

---

[84] So *Knoche / Zerdick* II S. 1, 18, 52 f. und 63.

Auflagenverluste, die alsbald auch den Umfang des Anzeigengeschäfts in Mitleidenschaft ziehen[85]. Am Ende steht der Zwang, eine Zeitung oder Zeitschrift einzustellen oder den nicht mehr rentablen Verlag zu liquidieren. An diesem Punkt läßt sich nicht mehr bestreiten, daß zusätzliche Kostenbelastungen Konzentrationseffekte auslösen.

3. Verfassungsrechtliche Betrachtung

Für die verfassungsrechtliche Betrachtung erscheint es wichtig, die Bestands-, Substanz- und Reichweitenverluste nicht isoliert, sondern im Zusammenhang zu sehen: es geht letztlich nicht um Einkommenseinbußen, die Gesellschaften oder Individuen hinzunehmen haben, sondern um Funktionsbeeinträchtigungen, die der Presse, genauer: der zwischenmenschlichen Verständigung durch das gedruckte Wort als einem für das Gemeinwesen essentiell wichtigen Wirkungsmechanismus zugefügt werden. Diese Verluste werden nur dann angemessen gewichtet, wenn auch andere Gefährdungen in die Betrachtung einbezogen werden: die von der Presse erwartete kommunikative Leistungsfähigkeit wird zugleich durch das Erstarken der Anzeigen- und Offertenblätter[86] sowie durch die Ausbreitung des privaten Rundfunks geschmälert[87]. Schließlich fallen auch die Rückwirkungen auf die Marktstruktur ins Gewicht: in dem Maße, in dem das Pressewesen von Reichweiten-, Substanz- und Bestandsverlusten betroffen wird, verringern sich die Marktzutrittschancen: es wird noch schwieriger, veränderten kommunikativen Bedürfnissen durch die Neugründung einer Zeitung oder Zeitschrift gerecht zu werden.

---

[85] Vgl. *Witte / Senn*, Zeitungen im Medienmarkt der Zukunft (1984) 33: auch geringfügige Einbußen bei der Leserschaft können kraft der Interdependenz von Vertriebs- und Anzeigenmärkten erhebliche Verluste im Bereich der Werbefinanzierung auslösen.

[86] *Kübler* a. a. O. (FN 77) m. w. N.

[87] *Witte / Senn* a. a. O. S. 65 ff.

V. Vergleichende und europäische Aspekte

1. Der Postzeitungsvertrieb in anderen Ländern

Im Rahmen dieser Untersuchung ist es nicht möglich, einen auf Vollständigkeit zielenden rechtsvergleichenden Überblick zu vermitteln. Den verfügbaren Untersuchungen ist zu entnehmen, daß die finanzielle Unterstützung der Presse durch den Staat während der letzten 20 Jahre in den wichtigen westlichen Ländern durchweg zugenommen hat[88]; dabei geht es generell nicht um Meinungslenkung, sondern um Schutz und Förderung der Meinungsvielfalt[89]. Eine auf 12 unabhängige Variable gestützte Regressionsanalyse, die die staatliche Hilfe zu quantifizieren versucht, weist der Bundesrepublik Deutschland einen Mittelplatz — die achte Stelle unter sechzehn erfaßten Ländern — zu[90]. Für den Postvertrieb sind die verfügbaren Angaben nicht ganz einheitlich. Die — freilich schon etwas ältere — Studie von Smith[91] kommt zu dem Ergebnis, daß die erfaßten dreizehn Staaten mit nur einer Ausnahme die Presse durch verbilligte Gebühren fördern[92]. Das Grünbuch der EG-Kommission stellt für das Jahr 1986 fest, daß von den EG-Mitgliedstaaten allein Großbritannien und Irland einen Kostendeckungsgrad von 100% für den Postzeitungsvertrieb aufweisen[93]. Auch in dieser Aufstellung nimmt Deutschland mit einem Kostendeckungsgrad von 54,1% einen Mittelplatz ein; erheblich nied-

---

[88] So R. G. Picard, Regression Analysis of State Role in Press Economics, Journalism Quarterly 1987, 846 f. (die Befunde werden auf mir nicht vorliegende Erhebungen der UNESCO gestützt); für Europa eingehend Antony Smith, Subsidies and the Press in Europe (1977).

[89] R. G. Picard, Patterns of State Intervention in Western Press Economics, Journalism Quarterly 1985, 621 ff.

[90] Picard, Regression Analysis a. a. O. S. 847. An der Spitze stehen Schweden (19,2), Italien (17,8) und die Niederlande (17,8); am Ende der Scala die USA (8,6), Irland (7,4) und die Schweiz (7,0). Der für Deutschland ausgewiesene Wert beträgt 11,4.

[91] Vgl. die Übersicht a. a. O. (FN 87) S. 110.

[92] Die Ausnahme ist Irland, die übrigen Staaten sind Frankreich, Deutschland, Italien, Schweden, Norwegen, Dänemark, Finnland, die Niederlande, Belgien, die Schweiz, Österreich und Großbritannien.

[93] a. a. O. (FN 38) S. 362.

rigere Wert werden vor allem für Spanien und Italien (je ca. 10%), Belgien (18,5%), Luxemburg (19,5%) und Frankreich (33,3%) verzeichnet. Diese Werte korrelieren — zumindest ganz grob — mit dem Anteil des PZD am Postaufkommen: Er ist besonders niedrig für Großbritannien und besonders hoch für Italien, Luxemburg und Belgien; wiederum nimmt die Bundesrepublik einen Mittelplatz ein[94].

2. Das „Grünbuch" der EG-Kommission

Das von der Kommission der Europäischen Gemeinschaften kürzlich vorgelegte „Grünbuch über die Entwicklung des Binnenmarktes für Postdienste"[95] plädiert zwar generell für den Abbau von Subventionen[96] und für an den Durchschnittskosten orientierte Preise[97]. Angesichts zunehmender Pressekonzentration und der Abhängigkeit vor allem der Fachzeitschriften von den Postdiensten[98] wird für „Sendungen mit kulturellem Inhalt", d. h. für Zeitungen und Zeitschriften[99], aber keinesfalls die völlige Gleichstellung mit den sonstigen Postsendungen verlangt. Das Grünbuch begnügt sich vielmehr mit vier Prüfungsempfehlungen, die die regelungspolitischen Vorstellungen der Kommission zumindest andeuten. Diese Empfehlungen betreffen[100]:

a) den derzeitigen „Umfang der Sendungen mit kulturellem Inhalt": angestrebt werden klarere Definitionen der Begriffe „Zeitung" und „Zeitschrift";

b) die auf unterschiedlichen Gebührenkonzepten beruhenden Gebührenunterschiede, die zu Wettbewerbsverfälschungen führen können;

c) ein „harmonisiertes Konzept für die Qualität der Dienste": es sollten „Grenznormen sowie ein schlüssiges System für die Qualitätsbewertung eingeführt werden";

---

94 Grünbuch a. a. O. S. 364.
95 Vgl. oben FN 38.
96 a. a. O. S. 235.
97 a. a. O. S. 253.
98 Zu beidem a. a. O. S. 364.
99 So die sinnfällige Bezeichnung für den PZD; vgl. a. a. O. S. 361 ff.
100 Grünbuch a. a. O. S. 364 f.

d) die Vereinfachung und Angleichung der Zugangsbedingungen für die Einlieferung bei den verschiedenen Postverwaltungen; dabei geht es um die Beseitigung bestehender Handelsschranken und Wettbewerbsverzerrungen.

Dieser Katalog verdeutlicht, daß die Kommission auch auf lange Sicht „Vorzugsgebühren" für „Sendungen mit kulturellem Inhalt" nicht ausschließt. Angestrebt wird vielmehr die Angleichung der in den einzelnen Mitgliedsstaaten maßgeblichen Bedingungen, um Verzerrungen und Verfälschungen des Wettbewerbs entgegenzuwirken. Deshalb ist nicht anzunehmen, daß die von der DBP angestrebte Abschaffung des PZD der europäischen Harmonisierung förderlich sein wird.

C. Die normativen Grundlagen

I. Zum verfassungspolitischen Verständnis des PZD

Der PZD fungiert seit langem als ein Instrument zur Sicherung des Bestandes und zur Förderung der Entfaltung eines vielfältigen freien Pressewesens. Dieser Befund ist weder das Produkt einer zufälligen Entwicklung noch das Ergebnis interessengesteuerter Kollusion von Post und Presse. Eine Fülle von Äußerungen aus einem breiten Bereich politischer Öffentlichkeit illustriert vielmehr, daß es sich dabei um die bewußte Entscheidung für eine Institutionalisierung wirtschaftlicher Unterstützung handelt, die aus verfassungspolitischen Erwägungen für erwünscht und aus verfassungsrechtlichen Gründen für geboten erachtet wird. Aus dem umfassenden Chor, der diese Auffassung unisono vorträgt, können im Folgenden nur einige besonders signifikante Stimmen angeführt werden:

1. Politische Parteien

Zu erwähnen sind zunächst die politischen Parteien. CDU und CSU betonen seit langem, daß Gebührenerhöhungen im PZD die Existenz von Presseverlagen nicht gefährden dürfen [101]. Die CSU-Landtagsfraktion hat erst kürzlich die bayerische Landesregierung ersucht, beim Bund darauf hinzuwirken, daß die DBP von ihren Plänen der Gebührenerhöhung im PZD Abschied nimmt: „Auch nach der Neustrukturierung hat das Monopolunternehmen Post die Verpflichtung, eine vielfältige und lebendige Medienlandschaft nicht durch ihre Preisgestaltung zu gefährden" [102]. Die SPD-Bundestagsfraktion hat sich schon in den siebziger Jahren für die Beibehaltung eines verbilligten PZD

---

[101] CDU / CSU-Medienkommission, Freiheitliche Medienpolitik (1976) S. 12. Es handelt sich um ein programmatisches Konzept, das von den Präsidien und Vorständen der CDU und CSU verabschiedet worden ist.

[102] Pressemitteilung Nr. 12 der CSU-Landtagsfraktion v. 16.1.1992.

ausgesprochen[103]. Im 1989 verabschiedeten Grundsatzprogramm der SPD wird die staatliche Förderung der Kultur des Lesens von Zeitungen, Zeitschriften und Büchern verlangt[104]. In einer kürzlich verabschiedeten Erklärung der Bundestagsfraktion wird die Post aufgefordert, im Interesse der Meinungsvielfalt und einer abwechslungsreichen Presselandschaft auch in Zukunft auf generell kostendeckende Gebühren im PZD zu verzichten[105].

2. Die Bundesregierung

Die von den Parteien vertretene Überzeugung wird von der Bundesregierung seit langem und unabhängig von der jeweiligen parteipolitischen Zusammensetzung geteilt. So heißt es im Medienbericht '78, daß die ständig anwachsende Kostenunterdeckung im PZD zwar gebremst, die DBP aber „im staatspolitischen Interesse zugunsten der Presse eine Belastung in der bisherigen Höhe" hinnehmen müsse[106]. Übereinstimmend wird auch im Medienbericht '85 das Ziel einer Begrenzung der Kostenunterdeckung erwähnt, die grundsätzliche Bedeutung der Förderung aber klar bejaht: „Die Bundesregierung erachtet den PZD auch für die Zukunft als ein unverzichtbares Instrument zur Gewährleistung des Pressevertriebs"[107].

3. Die Deutsche Bundespost

Schließlich geht auch die DBP seit langem davon aus, daß es sich beim PZD um eine für zahlreiche Presseverlage unerläßliche Einrichtung handelt[108], die letztlich durch Art. 5 Abs. 1 Satz 2 GG legitimiert

---

[103] Information der Sozialdemokratischen Bundestagsfraktion v. 14.9.1977.

[104] Grundsatzprogramm der SPD, beschlossen vom Programm-Parteitag am 20.12.1989, S. 30.

[105] Erklärung der SPD-Bundestagsfraktion v. 17.1.1992.

[106] Bericht der Bundesregierung über die Lage von Presse und Rundfunk in der Bundesrepublik Deutschland (1978) 66 f.

[107] Bericht der Bundesregierung über die Lage der Medien in der Bundesrepublik Deutschland (1985) 16.

[108] Vgl. etwa *Busch,* PZD im Wandel, ZPF 10 / 1975, 24 ff.

wird[109]. Diese Auffassung ist vom zuständigen Minister geteilt worden: „Dem Staat obliegt jedoch von der Verfassung her auch eine Garantie für die Erhaltung der Voraussetzungen für ein freies Pressewesen. Dies bedeutet, daß er unterstützend für die Selbsthilfe der Presseunternehmen tätig werden kann und bei einer Bedrohung der publizistischen Vielfalt auch tätig werden muß. Dazu gehören steuerliche Erleichterungen und begünstigte Posttarife für die Nachrichtenübermittlung und Zeitungs- und Zeitschriftenbeförderung"[110].

4. Der auf die Beibehaltung des PZD gerichtete Konsens

Zusammenfassend ist ein breiter Konsens festzustellen; er statuiert und bestätigt die Verpflichtung der DBP, den PZD als eine den Pressevertrieb begünstigende Einrichtung beizubehalten und fortzuführen.

II. Der PZD in der höchstrichterlichen Rechtsprechung

1. der Zivil- und Verwaltungsgerichte

Die Frage nach dem verfassungsrechtlichen Stellenwert des Pressevertriebs hat sich in der Praxis in unterschiedlichen Zusammenhängen gestellt. In einer bemerkenswerten Entscheidung hat das OLG Köln die Beförderung aktueller politischer Tageszeitungen vom Genehmigungserfordernis des Güterkraftverkehrsgesetzes freigestellt: „Zu den durch Art. 5 GG gewährleisteten Rechten gehören . . . auch der Vertrieb und die Verbreitung der Zeitungen an den Leser. Die Vertriebsfreiheit ist Teil der Pressefreiheit"[111]. Aus dem Grundrecht der Pressefreiheit folgt mithin, daß Tageszeitungen auch ohne die gesetzlich verlangte Genehmigung befördert werden dürfen. Die Mehrzahl der einschlägigen Entscheidungen ist indessen unmittelbar zum PZD ergangen. Im Regelfall war streitig, ob einem bestimmten Blatt auf

---

[109] *Busch*, Die Begrenzung der Zulassung zum PZD, DÖV 1969, 623, 624.

[110] *Schwarz-Schilling*, Manuskript des Beitrages zu den Hamburger Medientagen 1977 S. 3.

[111] OLG Köln, AfP 1978, 101, 102 unter Berufung auf BVerfGE 10, 118, 121; 12, 205, 260; 20, 162, 176.

Grund der ursprünglich in den §§ 5 und 6 PostZtgO enthaltenen[112] und heute in § 19 PostV und Ziffer 4 der AGB PZD übernommenen[113] Abgrenzung die Zulassung zum PZD verweigert werden durfte. Das Bundesverwaltungsgericht hat in ständiger Rechtsprechung betont, daß der PZD als eine kostenbegünstigte Leistung der DBP durch Art. 5 Abs. 1 Satz 2 GG gefordert wird: Das Ausmaß des verbilligten Angebots „ergibt sich aus der historischen Aufgabe der Post und hinsichtlich des PZD noch besonders aus der in Art. 5 Abs. 1 Satz 2 GG gewährleisteten Pressefreiheit. Danach hat die Post Erzeugnisse der Presse so günstig wie irgend möglich dem Empfänger zuzuführen; denn zur Pressefreiheit gehört auch die Möglichkeit, den Empfänger zu möglichst günstigen Bedingungen zu erreichen"[114]. In diesen und anderen Entscheidungen wurde die in den angeführten Bestimmungen getroffene Abgrenzung grundsätzlich bestätigt. Zwar werden auch Druckschriften, die zu dem Zweck herausgegeben werden, den geschäftlichen Interessen ihrer Bezieher unmittelbar oder mittelbar zu dienen, vom Schutz des Grundrechts der Pressefreiheit erfaßt. Sie haben trotzdem keinen Anspruch auf Zulassung zum tarifbegünstigten PZD: der darf den Periodika vorbehalten werden, „die im öffentlichen Interesse und in öffentlicher Form" herausgegeben werden"[115]; die „Förderung dieser Presse ist gerechtfertigt, soweit sie sich der öffentlichen Aufgabe annimmt, die Öffentlichkeit über Tagesereignisse, Zeit- oder Fachfragen zu unterrichten"[116]. In diesem Umfang ist sie geboten; es ist der Post aber nicht verwehrt, „auch andere Zeitungen und Zeitschriften zu begünstigen"[117]. Damit tritt die Unterscheidung von subjektivem Abwehrrecht und objektivrechtlicher Gewährleistung deutlich zutage: es geht nicht um die Freiheit von staatlicher Ingerenz, die grundsätzlich jeder Form der gedruckten Meinungsäußerung zukommt, sondern um die Förderung, die einer enger verstandenen Pres-

---

[112] Vgl. oben A. II. 1.

[113] Vgl. oben A. III. 2.

[114] BVerwGE 28, 36, 50 („R.-Blatt"); 67, 117, 120 (= AfP 1983, 428, 429, „sport + mode"); ähnlich BVerwGE 78, 184, 185 („SAZ Sportartikel Zeitung").

[115] BVerwGE 28, 55, 58 („Neue Heimat").

[116] BVerwGE 78, 184, 189.

[117] BVerwGE 28, 55, 58.

se um ihrer Funktion willen einzuräumen ist. Dieses Verständnis ist von den Instanzgerichten übernommen und weitergeführt worden: Die DBP hat „die Aufgabe, im Hinblick auf die durch Art. 5 Abs. 1 gewährleistete Pressefreiheit als öffentliche Einrichtung die Erzeugnisse der Presse so günstig wie möglich dem Empfänger zuzuführen"[118]; maßgeblich ist das Informationsinteresse der Öffentlichkeit[119]. Die einschlägige Fachliteratur hat sich dieser Rechtsprechung angeschlossen: Der Normzweck der Bestimmungen über den PZD „ist in Erfüllung des höherrangigen verfassungsrechtlichen Auftrages des Art. 5 GG die Förderung der öffentlichen Funktion der Presse"[120]; der PZD bedeutet „Grundrechtsförderung"; die Schutzpflicht des Staates gegenüber dem Institut Presse folgt aus der „objektivrechtlichen Komponente" von Art. 5 Abs. 1 Satz 2 GG[121].

2. des Bundesverfassungsgerichts

Die vor allem vom Bundesverwaltungsgericht vorgezeichnete Linie ist kürzlich vom Bundesverfassungsgericht in der Sache uneingeschränkt und mit nur unwesentlichen Nuancen in der Begründung übernommen worden[122]. Auch in diesem Fall wurde die Nichtzulassung eines Blattes zum PZD bestätigt, das den Anforderungen der PostZtgO nicht entsprach. In der Begründung wird der PZD als „staatliche Subventionierung" bezeichnet[123], die für die Presseunternehmen eine erhebliche Vertriebserleichterung, aber keine „Existenznotwendigkeit" bedeute; deshalb durften die Benutzungsbedingungen im Verordnungswege festgesetzt werden[124]. Zur „Bedeutung von Art. 5 Abs.

---

[118] BayrVGH Archiv PF 1976, 875, 877.

[119] Hess. VGH AfP 1983, 430, 431.

[120] *Sachon,* Verbandszeitschriften im PZD, AfP 1986, 1, 4.

[121] *Detterbeck,* Zur Grundrechtsproblematik staatlicher selektiver Pressesubventionen, ZUM 1990, 371, 372.

[122] BVerfGE 80, 124 („Druckschrift ‚F.'").

[123] S. 125.

[124] S. 132. Der Mangel der „Existenznotwendigkeit" wird a. a. O. mit dem Hinweis auf „viele ausländische Rechtsordnungen" begründet, „in denen der Presse eine solche Vergünstigung nicht eingeräumt wird". Dieses Argument erscheint im Hinblick auf die oben zu B.V.1. registrierten Sachverhalte nicht unproblematisch.

1 Satz 2 im Leistungsbereich" wird auf den objektiven Gehalt der Grundrechtsnorm abgestellt: „In dieser Eigenschaft erlegt das Grundrecht dem Staat eine Schutzpflicht für die Presse auf und bindet ihn bei allen Maßnahmen, die er zur Förderung ergreift. Daraus folgt für den einzelnen Träger der Pressefreiheit allerdings noch kein grundrechtlicher Anspruch auf staatliche Förderung"[125]. Für Förderungsmaßnahmen, die nicht auf einer derartigen verfassungsrechtlichen Verpflichtung beruhen, trifft den Staat jedoch eine „inhaltliche Neutralitätspflicht, die jede Differenzierung nach Meinungsinhalten verbietet"; im „Bereich der Grundrechtsförderung" ist es ihm dagegen „nicht von vornherein verwehrt, die Förderung an meinungsneutralen Kriterien auszurichten"[126]. Zudem ist das maßgebliche „Differenzierungskriterium im Grundgesetz selbst angelegt. Die grundrechtliche Garantie der Pressefreiheit dient wie alle Garantien in Art. 5 Abs. 1 GG der freien individuellen und öffentlichen Meinungsbildung (vgl. BVerfGE 57, 295, 319). Die Erfüllung dieser Funktion ist daher auch ein zulässiges Kriterium für die Vergabe staatlicher Pressesubventionen. Druckwerke, die weder eigene Meinungen äußern noch fremde Meinungen wiedergeben, tragen zur Meinungsbildung nicht bei. Presseorgane, bei denen die Meinungsäußerung und Information außerpublizistischen Zwecken untergeordnet wird, sind ihrer Intention nach nicht primär auf einen Beitrag zur Meinungsbildung ausgerichtet. Solche Publikationen genießen zwar ebenso wie die übrige Presse die Freiheit von staatlicher Lenkung, haben aber nicht notwendig denselben Anteil an staatlicher Förderung"[127].

3. Zur Einordnung dieser Rechtsprechung

Bei der Würdigung der zum PZD ergangenen Judikate und insbesondere der Entscheidung des Bundesverfassungsgerichts ist zu berücksichtigen, daß nicht über den verfassungsrechtlichen Schutz des Kernbereichs der Einrichtung des PZD, sondern allein über die rechtliche Zulässigkeit der Abgrenzung des Kreises der begünstigten Presseorgane zu befinden war. Besonders wichtig ist, daß die ursprünglich in

---

[125] S. 133.

[126] S. 133 f.

[127] S. 135.

der PostZtgO[128] und nunmehr in den AGB PZD[129] getroffene Unterscheidung zwischen dem engeren Bereich der meinungsbildenden Presse und ihrem Umfeld sonstiger Druckwerke ausdrücklich bestätigt worden ist. Das hat erhebliche praktische und rechtliche Bedeutung. Im Ergebnis werden die Tageszeitungen herkömmlicher Prägung und die auf Beiträge zur Meinungsbildung angelegten Zeitschriften gegen die Erosion ihrer Wirkungsmöglichkeiten durch „hybride" Formen wie Anzeigen- und Offertenblätter[130] wenigstens ansatzweise geschützt. Die Beseitigung der bislang eingeräumten Vergünstigungen hätte zur Folge, daß künftig auch alle anderen Druckwerke zum PZD zugelassen werden müßten; auch dadurch würden die Existenzbedingungen der meinungsbildenden Presse erheblich beeinträchtigt. Normativ fällt die Begründung ins Gewicht, mit der diese Differenzierung zu rechtfertigen ist. Auch die erwähnten „hybriden" Publikationen werden durch das Grundrecht der Pressefreiheit gegen staatliche Ein- und Übergriffe geschützt. Daraus erwächst ihnen aber kein Anspruch auf staatliche Förderung. Anders verhält es sich mit den Blättern, die der freien individuellen und öffentlichen Meinungsbildung dienen und damit dem noch zu erörternden Schutzgehalt der objektivrechtlichen Gewährleistung der Pressefreiheit entsprechen. Insoweit wird die staatliche Schutzpflicht für die Presse auch vom Bundesverfassungsgericht erwähnt, aber für die hier zu untersuchende Frage nicht weiter konkretisiert. Dafür ist auf andere Entscheidungen des Bundesverfassungsgerichts zurückzugreifen.

III. Der Schutzgehalt des Grundrechts der Pressefreiheit

1. Subjektiv- und objektivrechtliche Gewährleistung

Das den angeführten Entscheidungen zum PZD zugrundeliegende Verständnis des Grundrechts der Pressefreiheit entspricht der ständigen Rechtsprechung des Bundesverfassungsgerichts:

a) Die Gewährleistung der Pressefreiheit bedeutet zunächst ein „subjektives Grundrecht für die im Pressewesen tätigen Personen und

---

128 Vgl. oben A. II. 1.

129 Vgl. oben A. III. 2.

130 Vgl. oben B. IV. 3.

Unternehmen"[131], das individuelle Meinungsäußerungen mittels des gedruckten Wortes oder vervielfältigter bildhafter Darstellungen gegen staatliche Eingriffe und Zwangsmaßnahmen abschirmt. In diesem Sinne entfaltet es seine Schutzwirkung zugunsten der Verleger, Herausgeber, Redakteure, Journalisten und sonstigen Mitarbeiter, die an der Herstellung und dem Vertrieb des Produktes Presse beteiligt sind. Neben dieser individual- oder subjektivrechtlichen steht aber die „objektivrechtliche Seite" der Pressefreiheit[132]: Sie schützt „die institutionelle Eigenständigkeit der Presse von der Beschaffung der Information bis zur Verbreitung der Nachricht und Meinung"[133]; Art. 5 Abs. 1 Satz 2 GG „garantiert das Institut 'Freie Presse'"[134].

b) Diesem objektivrechtlichen Sinngehalt der Pressefreiheit kommt nicht nur deklaratorische oder symbolische Bedeutung zu; er hat sich vielmehr zu konkreten verfassungsrechtlichen Strukturen verdichtet, die der gestaltenden Rechtspolitik die Richtung weisen und ihr zugleich die Handlungsräume begrenzen. Das gilt zunächst für die Binnenstruktur der Presseunternehmen. Zum Schutz der Tendenzfreiheit steht ihnen eine betriebsverfassungs- und mitbestimmungsrechtliche Sonderstellung zu[135]. In vergleichbarer Weise genießt die „Vertraulichkeit der Redaktionsarbeit" als „notwendige Bedingung der Funktion einer freien Presse" den Schutz der Verfassung[136]. Aber auch die Außenbeziehungen der Zeitungs- und Zeitschriftenverlage werden von der institutionellen Schutzrichtung der Pressefreiheit erfaßt. Zur Bewahrung der Kontrollfunktion des wirtschaftlichen und publizistischen Wettbewerbs ist „an eine Pflicht des Staates zu denken, Gefahren abzuwehren, die einem freien Pressewesen aus der Bildung von Meinungsmonopolen erwachsen könnten"[137]. Zugleich vermag sich der legislatorische Verantwortungsbereich auf den Schutz der Presse ge-

---

[131] BVerfGE 20, 162, 175 („Spiegel").

[132] a. a. O.

[133] BVerfGE 10, 118 , 121 („Freies Volk"); vgl. auch BVerfGE 31, 314, 326 („Mehrwertsteuer"); 36, 193, 204 („Zeugnisverweigerungsrecht"); 50, 234, 240 („Kölner Volksblatt"); 66, 116, 135 („Springer / Wallraff").

[134] BVerfGE 20, 162, 175.

[135] BVerfGE 52, 283, 296 f. („Tendenzschutz").

[136] BVerfGE 66, 116, 134 („Springer / Wallraff").

[137] BVerfGE 20, 162, 176.

gen die Erosion ihrer wirtschaftlichen Grundlagen durch die Expansion anderer Medien erstrecken. Das Bundesverfassungsgericht hat bereits in der „FRAG"-Entscheidung die Frage aufgeworfen, ob die Finanzierung privater Rundfunkveranstaltungen „wegen ihrer möglichen Rückwirkungen . . . auf die Situation anderer Medienträger, besonders der Presse", spezieller gesetzlicher Regelungen bedarf[138]. Im Urteil zum niedersächsischen Landesmediengesetz wird dieser Aspekt verdeutlicht: Rückwirkungen der Werbefinanzierung des privaten Rundfunks auf existenzwichtige Finanzquellen der Presse sind „verfassungsrechtlich . . . von Bedeutung, weil eine solche Entwicklung die Pressefreiheit berühren würde, welche auch das Institut 'Freie Presse', also den Bestand und die Funktionsfähigkeit der Presse gewährleistet"[139]; daraus kann sich die legislatorische Verpflichtung ergeben, „Vorkehrungen zur Erhaltung der Funktionsfähigkeit der Presse" zu treffen[140].

c) Die institutionelle Schutzwirkung, die vom objektivrechtlichen Sinngehalt des Grundrechts der Pressefreiheit ausgeht, beschränkt sich nicht auf den Vorgang der redaktionellen und technischen Herstellung von Zeitungen und Zeitschriften; sie erstreckt sich auch auf ihre Verteilung, den Vertrieb[141]. Das wird durch das „Blinkfuer"-Urteil des Bundesverfassungsgerichts exemplarisch verdeutlicht[142]: Kraft verfassungsrechtlicher Vorgaben ist es Aufgabe der Privatrechtsordnung, Boykottmaßnahmen zu unterbinden, die darauf abzielen, den Vertriebswettbewerb der Presse planmäßig auszuschalten[143].

---

[138] BVerfGE 57, 295, 324.

[139] BVerfGE 73, 118, 180.

[140] a. a. O. S. 181 f.; vgl. auch BVerfGE 83, 238, 326 f. („nordrhein-westfäl. Rundfunkgesetzgebung"): das nordrhein-westfälische Lokalfunk („Zwei-Säulen")-Modell wird nicht zuletzt durch den legislatorischen Zweck legitimiert, „die wirtschaftliche Grundlage der Lokalpresse durch die Zulassung von werbefinanziertem Lokalrundfunk nicht zu gefährden", d. h. „die Verdrängung der Presse von den begrenzten lokalen Werbemärkten zu verhindern".

[141] BVerfGE 10, 118, 121; 62, 230, 243.

[142] BVerfGE 25, 256.

[143] a. a. O. S. 268.

2. Die „öffentliche Aufgabe" der Presse

Die ständige Rechtsprechung des Bundesverfassungsgerichts erlaubt keinen Zweifel daran, daß sich die objektivrechtliche Gewährleistung der Pressefreiheit auf die „öffentliche Aufgabe"[144] der Presse bezieht: Im Mittelpunkt der institutionellen Gewährleistung steht die publizistische Leistung, die von der Redaktion in unerläßlicher Zusammenarbeit mit Geschäftsleitung, Technik und Vertrieb erbracht wird und für die freiheitliche Demokratie „schlechthin konstituierend" ist[145]. Zutreffend wird deshalb vom rechtlichen „Funktionsschutz für eine insgesamt in ihrer Funktionsfähigkeit bedrohte(n) Presse"[146] und auch von der Pressefreiheit als einem „Funktionsgrundrecht"[147] gesprochen und betont, daß es nicht so sehr um „Bestandsschutz" als um eine „Funktionsgarantie" gehen sollte[148]. Dieser maßgebliche normative Aspekt ist von der Rechtsprechung des Bundesverfassungsgerichts und von der Literatur in mehrfacher Weise konkretisiert worden:

a) Aufgabe einer freien Presse ist es, „umfassende Information zu ermöglichen, die Vielfalt der bestehenden Meinungen wiederzugeben und selbst Meinungen zu bilden und zu vertreten. Das setzt die Existenz einer relativ großen Zahl selbständiger, vom Staat unabhängiger und nach ihrer Tendenz, politischen Färbung oder weltanschaulichen Grundhaltung miteinander konkurrierender Presseerzeugnisse voraus"[149]. Durch diese normative Vorgabe wird der Zusammenhang von Funktion und Struktur eines verfassungskonformen Pressewesens verdeutlicht: es ist nicht das einzelne Presseunternehmen, das Bestandsschutz im Wettbewerb mit seinen Konkurrenten innerhalb wie außer-

---

[144] Vgl. die œœ 3 der Landespressegesetze sowie BVerfGE 12, 113, 128; 20, 162, 175; BGHZ 31, 308, 312.

[145] BVerfGE 10, 118, 121 unter Bezugnahme auf BVerfGE 5, 85, 206 f.; 7, 198, 208 und 212.

[146] *Bullinger,* Elektronische Medien als Marktplatz der Meinungen, AöR 1983, 161, 184.

[147] *Stock,* Medienfreiheit als Funktionsgrundrecht (1985) insbes. 3 f., 206 ff.

[148] *Stammler,* Bestandsschutz der Presse, AfP 1987, 659, 660.

[149] BVerfGE 52, 283, 296 unter Berufung auf BVerfGE 12, 205, 261 und 20, 162, 175.

halb des Bereichs der Printmedien genießt; vielmehr ist — um der Aufgabe eines freiheitlichen Pressewesens willen — seine Vielfalt gefordert; angesichts — zumindest latent — fortwirkender Konzentrationsimpulse impliziert dieses Erfordernis die staatliche Verpflichtung, für die Erhaltung von Pressevielfalt fördernd tätig zu werden.

b) Der Vielfalt des Angebots an Zeitungen und Zeitschriften läßt sich Eigenwert zumessen; sie darf aber nicht ausschließlich als Selbstzweck verstanden werden. Maßgeblich ist vielmehr die „Funktion der freien Presse im demokratischen Staat" [150]. Das Bundesverfassungsgericht hat die normative Bedeutung des verfassungsrechtsdogmatischen Zusammenhangs von Grundrechtsverbürgung und Staatsform eingehend begründet: „Soll der Bürger politische Entscheidungen treffen, muß er umfassend informiert sein, aber auch die Meinungen kennen und gegeneinander abwägen können, die andere sich gebildet haben. Die Presse hält diese ständige Diskussion in Gang; sie beschafft die Information, nimmt selbst dazu Stellung und wirkt damit als orientierende Kraft in der öffentlichen Auseinandersetzung. In ihr artikuliert sich die öffentliche Meinung; die Argumente klären sich in Rede und Gegenrede, gewinnen deutliche Konturen und erleichtern so dem Bürger Urteil und Entscheidung. In der repräsentativen Demokratie steht die Presse zugleich als ständiges Verbindungs- und Kontrollorgan zwischen dem Volk und seinen gewählten Vertretern in Parlament und Regierung. Sie faßt die in der Gesellschaft und ihren Gruppen unaufhörlich sich neu bildenden Meinungen und Forderungen kritisch zusammen, stellt sie zur Erörterung und trägt sie an die politisch handelnden Staatsorgane heran, die auf diese Weise ihre Entscheidungen auch in Einzelfragen der Tagespolitik ständig am Maßstab der im Volk tatsächlich vertretenen Auffassungen messen können" [151]. Diese Rolle der Presse im Prozeß der politischen Meinungs-, Willens- und Entscheidungsbildung ist der tragende Grund für das Ausmaß des institutionellen Schutzes, den ihr das objektivrechtliche Verständnis der Pressefreiheit einräumt [152].

---

[150] BVerfGE 20, 162, 175; 66, 116, 133.

[151] BVerfGE 20, 174 f.; ähnlich 52, 283, 296.

[152] Vgl. BVerfGE 36, 321 340 („Schallplatten"): „Die Begünstigung der ... Zeitschriften und der Zeitungen entspricht nicht so sehr einem kulturpolitischen als vielmehr einem staatspolitischen Interesse an Information und öf-

c) Mit diesem unmittelbaren Beitrag zur Grundmechanik des demokratischen Regierungssystems ist die „öffentliche Aufgabe" der Presse
freilich nicht erschöpft; sie wird durch die kulturelle Funktion der
Printmedien abgerundet und ergänzt. Dabei handelt es sich um außerordentlich vielfältige und schwierig abgrenzbare Wirkungszusammen-
hänge, die hier nur in grober Verallgemeinerung gestreift werden
können. Sie betreffen elementare Prozesse der Erziehung und Soziali-
sation: eine „pluralistische" Gesellschaft, die legitimerweise durch
weit divergierende Interessen, Erfahrungen, Traditionen, Bekenntnisse
und Überzeugungen bestimmt wird, bedarf eines verbindenden Me-
diums, das in allgemeinverständlicher Sprache für den Erhalt eines
Mindestbestandes staatsbürgerlicher Tugenden wirbt, ohne die die
komplizierten Mechanismen einer hochentwickelten Gesellschaft
nicht dauerhaft zu wirken und sich zu regenerieren vermögen[153]. Auf
der anderen Seite dieses breiten Spektrums steht eine naturwissen-
schaftlich-technische, sozialwissenschaftlich-administrative, theolo-
gisch-ethische und/oder geisteswissenschaftlich-ästhetische Fachkom-
munikation, die dem Gemeinwesen in dem Maße neue Entwicklungs-
möglichkeiten eröffnet, in dem es ihr gelingt, die Elfenbeintürme
hochspezialisierten Expertentums zu verlassen und ihre Einsichten
einer breiteren Öffentlichkeit zu vermitteln. Diese kommunikativen
Mechanismen wirken in einem sozialen Grundbereich, der staatliche
Gemeinschaft erst ermöglicht; sie haben deshalb auch rechtliche Bedeutung: „Die soziale Integration, die der Staat zu gewährleisten hat,
hängt nicht allein vom Funktionieren seiner Institutionen, sondern
auch von der Existenz einer kulturell gegründeten Integrationsbasis

---

fentlicher Meinungsbildung. Ein freies, nicht von öffentlicher Gewalt gelenk-
tes Zeitungswesen ist ein Grundelement des freiheitlichen Staates; es ist für
die moderne Demokratie unentbehrlich ... Von daher rechtfertigen die be-
kannt schwierige wirtschaftliche Lage vieler Publikationsorgane und das Be-
streben, die Vielfalt der Presse zu erhalten und zu stärken, die steuerliche
Begünstigung".

[153] Vor allem ausländische Erfahrungen legen den Eindruck nahe, daß es
zunehmend wichtig wird, ganze Bevölkerungsgruppen (ethnische und / oder
soziale Minderheiten) daran zu hindern, sich diesem integrierenden Einfluß
auf Dauer zu entziehen. Die Verelendungsgebiete („distressed areas") städti-
scher Slums, die durch die vier A's der Armut, Arbeitslosigkeit, (politischen)
Abstinenz und nicht zuletzt des Analphabetismus bestimmt werden, konfron-
tieren ihre Umwelt mit kaum mehr zu bewältigenden Problemen.

ab, und selbst das Funktionieren der Institutionen beruht nicht ausschließlich auf staatlicher Leistung, sondern bedarf zusätzlich gesellschaftlicher Legitimation, die wiederum kulturell erzeugt wird"[154].

3. Öffentliche Meinungsbildung als „meritorisches Gut"

Das in der ständigen Rechtsprechung des Bundesverfassungsgerichts entfaltete Verständnis der Pressefreiheit, das ihr neben den subjektiven Abwehrbefugnissen gegen staatliche Ingerenz die Bedeutung einer objektivrechtlichen Gewährleistung der rechtlichen Bedingungen freier Meinungs- und Willensbildung zuerkennt, hat die grundsätzliche Zustimmung des rechtswissenschaftlichen Schrifttums erfahren[155]. Sie stößt indessen auch weiterhin auf Ablehnung, die vor allem mit der Befürchtung begründet wird, die aus der objektivrechtlichen Deutung folgende Institutionalisierung gefährde den Kernbestand der individualrechtlichen Verbürgung[156]. Diese Kritik wird von der ökonomisch inspirierten Überzeugung getragen, ein allein durch die Instrumente des allgemeinen Wettbewerbsrechts geregelter „Marktplatz der Ideen" gewährleiste ein hinreichendes Maß an öffentlicher Kommunikation[157]. Die für ein normativ verstandenes Modell des Meinungsmarktes konstitutiven Annahmen[158] sind indessen auch für die Wirtschaftswissenschaft fragwürdig geworden. Es kann keinesfalls als gesichert gelten, daß die Leistung, die die Massenkommunikation der

---

[154] *Grimm*, Kulturauftrag im staatlichen Gemeinwesen, VVDStRL 42 (1984) 47, 64.

[155] Vgl. insbes. *Scheuner*, Pressefreiheit, VVDStRL 22 (1965) 2, 53; *Hesse*, Grundzüge des Verfassungsrechts der Bundesrepublik Deutschland (18. Aufl. 1991) Rn. 386 ff.; *Lerche*, Verfassungsrechtliche Fragen zur Pressekonzentration (1971) 21 ff.; *H. H. Rupp*, Vom Wandel der Grundrechte, AöR 101 (1976) 162, 173; *Hoffmann-Riem*, AK zum GG (2. Aufl. 1989) Art. 5 Abs. 1, 2 Rn. 135.

[156] So etwa v.*Mangoldt / Klein / Starck*, GG (3. Aufl.) Art. 5 Rn. 6; *Bullinger*, Freiheit von Presse, Rundfunk, Film, in: *Isensee / Kirchhoff*, Handbuch des Staatsrechts Bd. VI (1989) œ 141 Rn. 34 ff.

[157] *Mestmäcker*, Medienkonzentration und Meinungsvielfalt (1978) 13 ff., 31.

[158] Zu ihrer Erörterung vgl. *Kübler*,Der „Markt der Meinungen", FS für Ridder (1989) 117 ff.

soziokulturellen Integration des Gemeinwesens und der Funktionseffizienz des demokratischen Prozesses schuldig ist, von einem sich selber überlassenen Markt in hinreichendem Maße erbracht wird[159]. Sehr viel näher liegt die Annahme, daß es sich um „Kollektiv-" oder „meritorische Güter" handelt, an deren Beschaffung ein so hohes Allgemeininteresse besteht, daß mit hinreichender Bereitstellung allein auf Grund individueller Nachfrage nicht gerechnet werden kann. Über diese Definition des Problems des PZD besteht weitgehend Einigkeit: auch das Bundesministerium für Post und Telekommunikation konzediert grundsätzlich, daß „Pflichtleistungen" i. S. des § 4 PostVerfG festzulegen sind, wo das „Vorliegen meritorischer Güter volkswirtschaftlich gesehen Eingriffe in den Marktprozeß rechtfertigen kann . . .", wobei „Marktversagen hier nicht mehr mit den Maßstäben der Wohlfahrtsökonomie gemessen" wird, „sondern am Ausmaß, in dem sich Markergebnisse von bestimmten, im politischen Prozeß herausgebildeten Zielvorstellungen unterscheiden"[160]. Ausschlaggebend ist danach, durch wen und in welcher Weise diese Vorgabe bestimmt wird. Wird allein auf eine „Gefährdung der Wirtschaftlichkeit der Verlage insgesamt" abgestellt, dann mag wenig Anlaß ersichtlich sein, von „kostenorientierten Preisen für Zustelleistungen" abzugehen[161]. Die verfassungsrechtlich verbindliche Zielprojektion reicht weiter; sie ist nicht primär auf die Existenzsicherung von Unternehmen, sondern auf den Schutz des Sinn- und Funktionszusammenhangs der öffentlichen Kommunikation nicht nur gegen Bestands-, sondern auch gegen Substanz- und Reichweitenverluste gerichtet[162]. Die konstitutionelle Gewährleistung des Prozesses freier individueller und öffentlicher Mei-

---

[159] Dazu insbes. *Röpke,* Wettbewerb, Pressefreiheit und öffentliche Meinung, Schmollers Jahrb. Bd. 90 (1970) 171, 184 ff.; *Sohmen,* Marktwirtschaft, Presse und Werbung (1971) 6 ff.

[160] BMPT, Überlegungen zur Festlegung von Pflichtleistungen für das Unternehmen der DBP, Informationsreihe zu Regulierungsfragen 5 (1991) S. 69; vgl. auch *Stumpf* a. a. O. (FN 33) S. 14 ff. Im Text des BMPT wird der Begriff der Wohlfahrtsökonomie in einer außerordentlich engen Fassung verwendet; der verbreitete Sprachgebrauch geht davon aus, daß Wohlfahrtsverluste eintreten, wenn meritorische Güter nicht im als erwünscht ermittelten Maße bereitgestellt werden.

[161] *Stumpf* a. a. O. S. 20.

[162] Vgl. oben 2.

nungsbildung wird nicht zuletzt dort tangiert und schließlich verletzt, wo gesellschaftlichen (Rand-)Gruppen durch administrative Maßnahmen der Zugang zum Medium des gedruckten Wortes in potentiell prohibitiver Weise erschwert wird. Informations-, Meinungs- und Pressefreiheit verbürgen auch einen Grundstock der praktischen Bedingungen effektiver Teilhabe am erwähnten Sinn- und Funktionszusammenhang der öffentlichen Kommunikation.

IV. Zur Infrastrukturverpflichtung der DBP

Art. 87 Abs. 1 Satz 1 GG bestimmt, daß die Bundespost „in bundeseigener Verwaltung mit eigenem Verwaltungsunterbau" geführt wird. Heute besteht weithin Einverständnis, daß dieser Vorschrift mehr als kompetenz- und organisationsrechtliche Bedeutung beizumessen ist: sie statuiert darüber hinaus einen Kreis von Aufgaben, denen sich der Staat nicht dadurch entziehen darf und kann, daß er die Rechtsform seiner Tätigkeit wechselt[163].

1. Zum Umfang der organisationsrechtlichen Gestaltungsbefugnis der Bundesgesetzgebung gemäß Art. 87 GG

Im Bereich der Art. 83 ff. beläßt das Grundgesetz dem Bund grundsätzlich weite Spielräume für die organisationsrechtliche Ausgestaltung des Rahmens, dessen er zur Erfüllung der ihm zugewiesenen Verwaltungsaufgaben bedarf; ihm steht „insoweit ein weiter organisatorischer Gestaltungsbereich zu"[164]). Dieser Freiraum wird indessen durch Art. 87 GG erheblich eingeschränkt. Lange Zeit war davon auszugehen, daß die Errichtung privater Rechtsträger zur Wahrnehmung der in Art. 87 normierten Aufgaben generell ausgeschlossen ist und allenfalls „begrenzte Teilbereiche" auf beliehene Unternehmer übertragen werden können[165]. Auch wenn dem Bund heute ein etwas

---

[163] Dazu generell *Lerche* in *Mauz / Dürig / Herzog,* GG, Art. 86 Rn. 62 ff.; *Lecheler,* Der Verpflichtungsgehalt des Art. 87 Abs. 1 Satz 1 GG — Fessel oder Richtschnur für die bundesunmittelbare Verwaltung? NVwZ 1989, 834, 835 f.

[164] BVerfGE 63, 1, 34.

[165] So *Mauz* in *Mauz / Dürig / Herzog* a. a. O. Art. 87 Rn. 31 f.

erweiterter Gestaltungsraum zugesprochen wird[166], läßt sich mit guten Gründen bezweifeln, daß sich die umfassende Privatisierung der Postdienste an den durch Art. 87 Abs. 1 Satz 1 GG vorgegebenen verfassungsrechtlichen Rahmen hält. Von maßgeblichen Autoren wird die Verfassungsmäßigkeit der Poststrukturreform rundum verneint[167]. In anderen Veröffentlichungen wird auf das ungelöste Problem der Vereinbarkeit der neuen Struktur mit Art. 87 GG verwiesen[168].

2. Art. 87 GG als Grenze der „Aufgabenprivatisierung"

Die Antwort auf diese Frage kann hier offen bleiben, da im Rahmen des Art. 87 Abs. 1 Satz 1 GG zwischen — möglicherweise zulässiger — „Organisationsprivatisierung" und — eindeutig unzulässiger — „Aufgabenprivatisierung" zu unterscheiden ist[169]. Denn für letztere ist in Rechtsprechung und Literatur weitgehende Übereinstimmung zu verzeichnen: Die zur Erfüllung des gesetzlichen Auftrags erforderliche Einheit der Bundespost, die den innerbetrieblichen Kostenausgleich impliziert, darf nicht aufgespalten werden[170]; Art. 87 Abs. 1 Satz 1 GG überträgt der DBP eine leistungsstaatliche Aufgabe und hält sie zugleich „zu deren optimaler Erfüllung an"[171]; die Funktion der Bundespost als „daseinsvorsorgende(r) Leistungsverwaltung" erfordert „auch das Angebot unrentabler Leistungen"[172]. Das heißt mit

---

166 Vgl. etwa *Lerche* a. a. O. Rn. 62.

167 So vor allem *Lecheler* a. a. O. S. 836: die Umorganisation der DBP „beschreitet den Weg fort von der Verwaltung hin zum bloßen Wirtschaftsunternehmen des Bundes ... und überschreitet damit den Organisationsspielraum endgültig, den Art. 87 I 1 läßt"; und: „die Einschaltung privatrechtlicher juristischer Personen in die Aufgabenerfüllung des Art. 87 I 1 ist unzulässig". Weitere Nachweise bei *Gramlich*, „Öffentliche Unternehmen" im Verfassungsstaat des Grundgesetzes, BB 1990, 1493, 1494 (FN 33).

168 Vgl. etwa *Schatzschneider*, Die Neustrukturierung des Post- und Fernmeldewesens, NJW 1989, 2371, 2372.

169 *Lerche* a. a. O. Rn. 65.

170 BVerfG NJW 1984, 1871, 1872.

171 *Gramlich*, Das Unternehmen Deutsche Bundespost POSTBANK, WM 1989, 973, 980.

172 *Plagemann / Bachmann*, Die verfassungsrechtliche Zulässigkeit einer privatrechtlichen Organisation der Deutschen Bundespost, DÖV 1987, 807,

anderen Worten, daß sich die DBP durch den Wechsel von der öffentlich-rechtlichen zur privaten Rechtsform nicht den Gemeinwohlbindungen und Infrastrukturverpflichtungen entziehen kann, um derentwillen ihre Führung in unmittelbar bundeseigener Verwaltung verfassungsrechtlich vorgeschrieben ist. Der PZD wird von allen Beteiligten — Gerichten und Behörden, Parteien und Verbänden, von der Bundesregierung wie von der Bundespost selber — als eine derartige Infrastrukturverpflichtung verstanden[173]. Schon aus diesem Grunde ist es der DBP gemäß Art. 87 Abs. 1 Satz 1 GG verwehrt, sich ihrer Verantwortung unter Berufung auf den nunmehr unternehmerischen Charakter ihrer Tätigkeit — quasi durch einseitigen Gestaltungsakt — für die Zukunft zu entziehen.

3. Grundrechtsbindung im Verwaltungsprivatrecht

Der Fortbestand dieser Pflichtbindung wird durch den Grundrechtsbezug des PZD zusätzlich untermauert. Es kann heute keinerlei Zweifel unterliegen, daß sich die öffentliche Hand durch bloßen Rechtsformwechsel — d. h. allein dadurch, daß sie sich den Paletot des Privatrechts überzieht — der Bindung an die Grundrechte nicht entziehen kann; der Staat bleibt im Bereich der ihm übertragenen Aufgaben auch bei privatrechtlichem Handeln, im Verwaltungsprivatrecht, an die freiheitssichernden Verbürgungen der Verfassung gebunden[174]. Das bedeutet, daß sich die Post auch ohne Art. 87 GG der sie gemäß Art. 5 Abs. 1 Satz 2 GG treffenden Verpflichtung nicht entziehen könnte. Insoweit stehen diese beiden Verfassungsbestimmungen in einem Verhältnis gegenseitiger Ergänzung und wechselseitiger Verstärkung. Die der Post durch Art. 87 auferlegte Bindung wird für den PZD durch Art. 5 Abs. 1 Satz 2 intensiviert und gefestigt.

---

811 unter Berufung auf *W. Schmidt,* Bundespost und Bundesbahn als Aufgaben der Leistungsverwaltung, NJW 1964, 2393.

173 Vgl. oben I. und II.

174 BVerfGE 10, 302, 327; 12, 205, 262; BGHZ 40, 206, 213; 65, 284, 287; 91, 84, 96 f.

D. Der PZD im Verfassungsrecht

I. Der PZD als „Subventionsanspruch" der Presse?

Das Bundesverfassungsgericht hat in der referierten Entscheidung zum PZD[175] diesen als „staatliche Subventionierung" bezeichnet, die für die Presse keine „Existenznotwendigkeit" bedeute und auf die einzelne Presseunternehmen „als Träger der Pressefreiheit" keinen grundrechtlichen Anspruch haben. Diesen Sätzen, die ein in der Verfassung verankertes Individualrecht auf Subventionierung ausschließen, ist nicht zu entnehmen, daß es sich beim PZD um eine Einrichtung handelt, der verfassungsrechtliche Bedeutung abzusprechen wäre.

1. Der PZD als „Grundrechtsförderung"

Die vom Bundesverfassungsgericht vorgetragenen Gründe sind im Kontext des entschiedenen Konfliktes zu lesen. Wie in den referierten Urteilen des Bundesverwaltungsgerichts[176] ging es um den Anspruch eines Blattes, das überwiegend geschäftlichen Zwecken diente, auf Zulassung zum PZD. Dabei war zunächst zu klären, ob die für diese Zulassung maßgeblichen Kriterien gesetzlicher Normierung bedürfen oder durch bloße Rechtsverordnung festgelegt werden können; der Senat hat Letzteres mit der Begründung fehlender „Existenznotwendigkeit" für die Presse bejaht[177]. Entscheidend ist, daß das Gericht die Differenzierung zwischen einem weiten, technisch-formal orientierten, und einem engeren Pressebegriff in der Verfassung verankert, der auf die spezifische Funktion abstellt, die im Mittelpunkt der objek-

---

[175] BVerfGE 80, 124; vgl. oben C. II. 2.

[176] Vgl. oben C. II. 1.

[177] Daß hierbei auf die Lage der Presse insgesamt abgestellt wird, ergibt sich aus dem rechtsvergleichenden Hinweis auf die ausländischen Rechtsordnungen, in denen keine vergleichbare Vergünstigung gewährt wird (a. a. O. S. 132). Zur Problematik dieses Hinweises vgl. oben B. V. 1.

tivrechtlichen Gewährleistung der Pressefreiheit steht. Damit wird der besondere Zweck des PZD hervorgehoben und bestätigt: Es handelt sich um „Grundrechtsförderung"[178], durch die der Staat seiner „Schutzpflicht für die Presse" genügt.

2. Der PZD ist keine „staatliche Subventionierung"

Die Darlegungen des Gerichts bedürfen einiger klärender Anmerkungen lediglich dort, wo es den PZD als „staatliche Subventionierung" bezeichnet. Es trifft zu, daß den meisten Kunden des PZD insofern eine Vergünstigung gewährt wird, als die Post ihre Zeitungen und Zeitschriften zu im Vergleich mit anderen Diensten ermäßigten Entgelten befördert. Dabei handelt es sich jedoch nicht eigentlich um eine „staatliche" Zuwendung oder Subvention, da keine durch Besteuerung erhobenen Mittel in Anspruch genommen werden[179]. Seit der organisatorischen Verselbständigung der postalischen Unternehmensbereiche steht auch fest, daß der PZD nicht (mehr) durch die Telekommunikations- und Postbankdienste alimentiert wird. Selbst die „Querfinanzierung" innerhalb der „gelben Post" ist begrenzt: da der PZD seine „Wegfallkosten" voll erbringt, besteht sie allein darin, daß er geringere Beiträge zur Erhaltung und zum Ausbau des „Netzes" der DBP POSTDIENST leistet[180]. Im übrigen findet in nicht unerheblichem Maße eine Querfinanzierung innerhalb der Presse statt: die auflagenstarken und umfangreichen Publikationen unterstützen die insoweit schwächeren[181]. Der Einsatz des Staates erweist sich mithin als zwar wichtig, aber doch beschränkt: es handelt sich im wesentlichen um eine Vermittlungsleistung zwischen mehreren Gruppen von Postkunden. Zudem steht keineswegs fest, daß aus dieser Form der Vergünstigung außerhalb der Presse quantifizierbare Sonderbelastungen entstehen: angesichts der von der DBP gemachten Angaben ist davon auszugehen, daß weder die Post noch irgendein Postkunde (außerhalb der Presse) bessergestellt wäre, wenn der PZD eingestellt

---

[178] Zur Bedeutung dieses Begriffs vgl. die Urteilsanmerkung von *Hoffmann-Riem*, JZ 1989, 842, 843; sowie *Detterbeck* a. a. O. (FN 98) S. 373.

[179] Vgl. oben B. III. 2.

[180] Vgl. oben B. III. 2. c).

[181] Vgl. oben B. III. 2. b).

und seine Funktion von einem AZD übernommen würde[182]. Angesichts dieses komplexen Sachverhaltes erweist sich der Begriff der Subventionierung als mißverständlich; auch aus diesem Grunde kann nicht von einem Subventionsanspruch die Rede sein.

3. Der Gestaltungsraum staatlicher Preis- und Gebührenfestsetzung

Dieser Befund wird durch eine weitere Erwägung bestätigt. Ein in der Verfassung verankerter Subventionsanspruch liefe auf eine Vergünstigung hinaus, deren Umfang aus vorgegebenen Normen abgeleitet und darum mittels rechtlicher Vorgaben exakt bestimmt werden müßte. Für eine Einrichtung wie den PZD wäre eine derart weitgehende Festlegung kontraproduktiv; auch für ihn hat zu gelten, daß der Staat bei der Ausgestaltung von Förderungsmaßnahmen „weitgehende Freiheit" hat[183], und daß der „Gebührengesetzgeber", der die Entgelte für die vom Staat zu erbringenden Leistungen festlegt, „über einen weiten Entscheidungs- und Gestaltungsraum" verfügt[184]. Das erweist sich schon deshalb als unerläßlich, weil im Einzelfall zahlreiche ökonomische, soziale, administrative und (verfassungs-)politische Vorgaben auf einen Nenner zu bringen sind, dessen definitive Verrechtlichung den Postbetrieb lähmen und seiner Anpassungsflexibilität berauben würde. Das schließt verfassungsrechtliche Begrenzungen des administrativen Handlungsspielraums nicht aus[185], die sich — nicht nur im Falle der Verletzung der staatlichen Neutralitätspflicht — auch aus Art. 5 Abs. 1 Satz 2 GG ergeben können[186]. Angesichts des Gewichtes der verfassungsrechtlichen Argumente dürfte davon auszugehen sein, daß die DBP grundsätzlich nicht berechtigt ist, den Postzeitungsdienst über dessen Grenz- und Wegfallkosten hinaus zu belasten. Werden weder die Post noch ihre sonstigen Kunden durch den Wegfall des PZD bessergestellt, ist kein hinreichender Anlaß ersichtlich, das bewährte System in Frage zu stellen. Zugleich können die erwähnten

---

182 Vgl. oben B. III. 2. c) a. E.
183 BVerfGE 36, 321, 332 („Schallplatten").
184 BVerfGE 50, 217, 226; BVerfG NJW 1984, 1871, 1872.
185 BVerfGE 50, 217, 227; OVG Lüneburg NVwZ 1990, 91 ff.
186 BVerfGE 80, 124, 134.

normativen Vorgaben auch das auf die Festsetzung der Entgelte gerichtete Verfahren betreffen, darauf ist zurückzukommen[187].

4. Subjektiver Subventionsanspruch und objektivrechtliche Funktionsgewährleistung

Schließlich sollte nicht übersehen werden, daß die verfassungsrechtliche Herleitung von Subventionsansprüchen letztlich auf ein subjektiv- oder individualrechtliches Verständnis der maßgeblichen Grundrechte zu rekurrieren hat. Im Gegensatz zu derartigen Deduktionen geht es beim PZD um eine Einrichtung, für deren Schutz auf die objektivrechtliche Gewährleistung der Pressefreiheit abzustellen ist.

II. Der PZD als geschützte Einrichtung

1. Der PZD als Schutzvorkehrung gegen Bestands-, Substanz- und Reichweitenverluste der Presse

Der PZD läßt sich verfassungsrechtlich nicht als ein Bündel von Subventionsansprüchen von Presseverlagen und anderen Herausgebern periodischer Druckwerke verstehen; es geht allein um die Frage, ob und in welchem Umfang er als eine konkrete Einrichtung den Schutz des Grundgesetzes genießt. Für die grundsätzliche Existenz eines derartigen Schutzes sprechen gewichtige Gründe. Der PZD hat sich als Einrichtung bewährt; es besteht ein breiter gesellschaftlicher Konsens, daß er zur Sicherung der realen Grundlagen der Pressefreiheit in essentieller Weise beiträgt[188]. Zugleich entspricht seine Verankerung in Art. 5 GG der ständigen Rechtsprechung aller mit den Rechtsfragen des Pressevertriebs befaßten Gerichte[189]. Diese gefestigte Rechtsüberzeugung beruht auf der spezifischen Leistung, die der PZD erbringt. Sie erschöpft sich nicht in der Erhaltung gefährdeter Blätter und Verlage[190]; die Funktion der Pressefreiheit wird nicht allein

---

187 Vgl. unten III. 2.
188 Vgl. oben C. I.
189 Vgl. oben C. II.

durch Bestands-, sondern auch durch Substanz- und — in nicht geringerem Maße — durch Reichweitenverluste gefährdet[191]. Auf der Gegenseite steht die von der Post beklagte Kostenunterdeckung im PZD.
Sie läßt sich aus mehreren Gründen nicht gegen eine Verpflichtung
der Post zur Beibehaltung und Fortführung des PZD einwenden. Zunächst geht es, wie dargelegt[192], nicht um einen quantifizierten, d. h.
auf bestimmte Summen oder Tarife festgelegten Anspruch auf Förderung der Presse. In finanzieller Hinsicht handelt es sich vielmehr um
ein subtiles und komplexes System der Lastenverteilung zwischen
unterschiedlichen Gruppen von Periodika ebenso wie zwischen unterschiedlichen Gruppen von Postkunden; außerhalb der Presse sind daraus resultierende Zusatzbelastungen zumindest nicht eindeutig feststellbar[193]. Schließlich ist es der Post im Einvernehmen mit den betroffenen Verbänden gelungen, den Kostendeckungsgrad des PZD erheblich zu verbessern[194]. Das verweist erneut auf den Vermittlungs- und
Verfahrenscharakter des PZD, auf den zurückzukommen ist[195].

2. Die Verankerung des PZD in der Verfassung

Der PZD ist in mehrfacher Weise in der Verfassung verankert. Die
ständiger Rechtsprechung und herrschender Lehre entsprechende dogmatische Verknüpfung des Grundrechts der Pressefreiheit mit den
Grundsätzen nicht nur der Kulturstaatlichkeit sondern vor allem der
freiheitlichen Demokratie gewährleistet den Sinn- und Funktionszu

---

190 Das verkennt der von *Stumpf* a. a. O. (FN 33) S. 24 unterbreitete Vorschlag, den PZD durch die gezielte Förderung kleiner Verlage zu ersetzen.

191 Vgl. oben B. IV. 2.

192 Vgl. oben I. 2.

193 Vgl. oben B. III. 2.

194 Er betrug 1971 26% und hat sich bis 1989 nahezu kontinuierlich auf
59,8% erhöht; vgl. die Aufstellung bei *Stumpf* a. a. O. (FN 33) S. 10. Die
neuerliche Verschlechterung dürfte allein auf die Vereinigung mit der früheren
DDR zurückzuführen sein. Dabei handelt es sich um ein einmaliges Ereignis,
das nicht den Anlaß zu weitreichenden strukturellen Veränderungen abgeben
sollte. Der Sinn verfassungsrechtlicher Funktionsgewährleistungen läßt sich
auch darin sehen, das Gemeinwesen vor allzu spontanen administrativen
Reaktionen zu bewahren.

195 S. unten zu III.

sammenhang der öffentlichen Meinungs-, Willens- und Entscheidungsbildung[196]; daraus erwächst den staatlichen Instanzen die Pflicht, diesen Prozeß durch geeignete strukturelle Vorkehrungen zu fördern[197]. Diese Pflicht trifft die Bundespost in besonderem Maße: Art. 87 Abs. 1 Satz 1 GG überträgt ihr Infrastrukturaufgaben, denen sie sich durch das Auswechseln der Organisations- und Rechtsform nicht entziehen kann. Für die Konkretisierung dieses Auftrags ist auf andere verfassungsrechtliche Vorgaben zurückzugreifen; das gilt nicht nur für Verfassungsprinzipien wie den sozialen Rechtsstaat, sondern auch für die Grundrechte zumal dort, wo sie in Verbindung mit diesen Prinzipien die für ein freiheitliches Gemeinwesen unerläßlichen Funktionsmechanismen gewährleisten[198]. Die Einrichtung des PZD genießt den Schutz sowohl des Art. 5 Abs. 1 Satz 2 wie den des Art. 87 Abs. 1 Satz 1 GG; das Zusammentreffen und Zusammenspiel der beiden Bestimmungen verstärkt die verfassungsrechtliche Sicherung der Institution.

3. Der PZD als „Infrastrukturdienst" und „Pflichtleistung" gemäß § 4 PostVerfG

Die verfassungsrechtliche Verankerung des PZD wirkt auf seine gesetzliche Erfassung und Behandlung zurück; die einschlägigen Bestimmungen sind „aus der Erkenntnis der wertsetzenden Bedeutung" der in Art. 5 Abs. 1 GG gewährleisteten Grundrechte zu verstehen und auszulegen[199]. Das betrifft vor allem § 4 PostVerfG: der PZD ist „Infrastrukturdienst" im Sinne dieser Bestimmung. Da er nach Aufhebung des Postzwangs[200] nicht mehr zu den Monopolaufgaben zählt,

---

[196] Vgl. oben C. III. 2.

[197] Für eine generelle staatliche Pflicht zur Pressesubventionierung etwa *Leisner*, Die Pressegleichheit (1976) 172; speziell zum PZD *Lerche*, Rechtliche Aspekte staatlicher Medienhilfe, in: *Löffler* (Hrsg.), Der Staat als Mäzen der Medien (1981) 1, 5: „Das faktische Angewiesensein gewisser Publikationstypen bzw. Verlage auf den PZD etwa läßt dessen adäquate Ausgestaltung nicht nur in den Kategorien staatlicher Hilfe und Subvention denken, sondern in der Kategorie adäquater Bindungen des Staates kraft monopolartiger Position".

[198] Vgl. oben C. IV.

[199] BVerfGE 7, 198, 209 („Lüth").

[200] Vgl. oben A. I. 1.

gehört er zu den „Pflichtleistungen", die „nach den Grundsätzen der Politik der Bundesrepublik Deutschland zu sichern und der Entwicklung anzupassen sind". Dieses im Wege der verfassungskonformen Auslegung ermittelte Ergebnis steht im Einklang mit der offiziellen Begründung[201] und der parlamentarischen Behandlung[202] des Gesetzes.

III. Die Kooperationsverpflichtung der DBP

1. Grundrechtsschutz durch Verfahren:
auch für die Pressefreiheit

Die verfassungsrechtliche Gewährleistung des PZD räumt den Herausgebern periodischer Druckwerke keine Individualansprüche auf quantifizierte Förderung im Sinne einer rechtlich exakt bezifferbaren Ermäßigung der zu entrichtenden Entgelte ein[203]. Es handelt sich vielmehr um die verfassungsrechtliche Sicherung einer Institution, die — wie dargelegt — wichtige Vermittlungsleistungen erbringt[204]. Deshalb ist ein weiterer rechtlicher Aspekt in die Untersuchung einzubeziehen: der des Verfahrens. Es entspricht einer in Rechtsprechung und Schrifttum vordringenden und zumindest im Ansatz nahezu einhellig akzeptierten Auffassung, daß die Grundrechte nicht nur durch unmittelbares staatliches Verhalten, das Unterlassen von Eingriffen oder die Gewährung von Förderung, sondern auch durch die Ausgestaltung und Handhabung von Verfahren respektiert, geschützt, gefördert und verwirklicht werden. Das Bundesverfassungsgericht spricht seit längerem von einer „gefestigten Rechtsprechung ..., daß Grundrechtsschutz auch durch die Gestaltung von Verfahren zu bewirken ist ..."[205]. Das gilt insbesondere dort, wo materiale legislatorische Festle-

---

201 BMPT, Begründung des PostStruktG (Typoskript März 1988) insbes. S. 94 f.

202 Vgl. die in der parlamentarischen Beratung des Gesetzes (BT-Plenar-Prot. 94 / 11) abgegebenen Stellungnahmen von *Schwarz-Schilling* (insbes. S. 6377 und 6380), *Börnsen* (S. 6384) und *Pfeffermann* (S. 6388 f.).

203 Vgl. oben I.

204 Vgl. oben I. 3.

205 BVerfGE 53, 30, 65 („Mülheim-Kärlich"); noch dezidierter die abweichende Meinung 72 f.

gungen nicht möglich sind[206], und nicht nur für „verfahrensabhängige", sondern auch für „verfahrensgeprägte" Grundrechte, zu denen Art. 5 Abs. 1 Satz 2 GG zählt[207]. Diese Verfahrensprägung ist besonders augenfällig für die Rundfunkfreiheit; verlangt sind neben materiellen und organisatorischen auch Verfahrensregelungen, „die an der Aufgabe der Rundfunkfreiheit orientiert und deshalb geeignet sind zu bewirken, was Art. 5 Abs. 1 GG gewährleisten will"[208]. Gewiß dürfen die beträchtlichen Unterschiede zwischen Rundfunk- und Pressefreiheit nicht vernachlässigt werden; sie können aber nicht bedeuten, daß der elementare Aspekt der Gundrechtsverwirklichung durch Verfahren für die Pressefreiheit irrelevant wäre.

2. Der PZD als kooperatives Verfahren

Im Hinblick auf den PZD ist es besonders wichtig, daß der prozessuale Grundrechtsschutz nicht nur für gerichtliche, sondern auch für behördliche Verfahren gilt[209], und daß sich der „status activus processualis" vor allem als „leistungs-staatliches Vorverfahren" bewährt, das durch Kommunikation zwischen den Beteiligten die Anforderungen der Grundrechte mit denen des Leistungsvorgangs in Einklang bringt[210]. Angesichts der komplexen Finanzierungsbeziehungen, die die Praxis des PZD kennzeichnen[211], erscheint eine Abstimmung und Verständigung zwischen der Post und den Vertretern der Presse unerläßlich. Die daran Beteiligten bringen nicht nur sich ergänzende Aktivbestände der Erfahrung und des Sachverstandes, sondern auch unterschiedliche Rollen ein, deren Interaktion den Erfolg der Einrichtung bedingt. Die Vertreter der Presse repräsentieren die Interessen nicht allein der betroffenen Verlage und sonstigen Herausgeber, sondern

---

[206] BVerfGE 33, 303, 341 („numerus clausus").

[207] BVerfGE 77, 170, 229 („Lagerung von C-Waffen").

[208] BVerfGE 57, 295, 320 („FRAG"); ähnlich BVerfGE 60, 53, 64 („Rundfunkrat") und 63, 131, 143 („Gegendarstellung").

[209] BVerfGE 53, 30, 65; *Bethge,* Grundrechtsverwirklichung und Grundrechtssicherung durch Organisation und Verfahren, NJW 1982, 1, 7.

[210] Dazu eingehend und überzeugend *Häberle,* Grundrechte im Leistungsstaat, VVDStRL 30 (1972) 43, 86 ff.

[211] Vgl. oben B. III. 2.

vor allem auch der unterschiedlichen Segmente der politischen, konfessionellen, wissenschaftlichen, kulturellen und sonstigen (Fach-) Kommunikation, die zunächst zu einem Ausgleich zu bringen und dann mit denen der übrigen Postkunden zu harmonisieren sind. Die Post gewährleistet insbesondere die inhaltliche Neutralität[212] nicht nur der Zulassungskriterien, sondern auch der jeweiligen Tarifstruktur. Sie hat zudem die Wirtschaftlichkeit ihres Betriebes zu verantworten. Aber auch in dieser Beziehung scheint sich die Zusammenarbeit mit der Presse uneingeschränkt bewährt zu haben: Als die „Gemeinsame Kommission PZD", die Vorläuferin des „Arbeitskreises Post/Presse", eingesetzt wurde[213], belief sich der Kostendeckungsgrad des PZD auf 28%; anderthalb Jahrzehnte später hatte sich diese Relation auf 59,8%, also mehr als das Doppelte des ursprünglichen Wertes verbessert[214]. Dieser administrative Erfolg ist für sich allein gewiß keine Quelle verfassungsrechtlicher Prinzipien, aber er illustriert ganz konkret Sinngehalt und Relevanz eines zugleich prozessualen Grundrechtsverständnisses.

3. Die Kooperationsverpflichtung der DBP

Aus dem Dargelegten folgt, daß die DBP verpflichtet ist, im Rahmen eines von ihr beizubehaltenden und weiterzuführenden Infrastrukturdienstes „PZD" mit der Presse zusammenzuarbeiten; diese Kooperation bildet ein wesentliches Element der verfassungsgeschützten Einrichtung. Dadurch wird die der DBP gemäß Art. 87 Abs. 1 Satz 1 GG übertragene politische Verantwortung nicht berührt: die Bundespost behält — im Rahmen des verfassungsrechtlich Gebotenen — die Letztentscheidung über die Bedingungen ihres Leistungsangebotes. Sie ist auch nicht auf historisch gewachsene Ausprägungen wie den „Arbeitskreis Post/Presse" festgelegt. Sie ist und bleibt aber verpflichtet, mit den dafür qualifizierten Vertretern der Presse zusammenzuarbeiten, sie zu informieren und anzuhören, einschlägige Probleme mit ihnen zu erörtern und eine einvernehmliche Lösung zu suchen, um

---

[212] Vgl. BVerfGE 80, 124, 134 und zu den Grundlagen *Schlaich*, Neutralität als verfassungsrechtliches Prinzip (1972) insbes. S. 233 ff.

[213] Vgl. oben A. I. 2.

[214] *Stumpf* a. a. O. (FN 31) S. 10.

auch auf diese Weise den ihr aus Art. 5 Abs. 1 Satz 2 und Art. 87 Abs. 1 Satz 1 GG erwachsenden Bindungen zu genügen. Die einseitige Festlegung der Entgelte zu Lasten auflagen- und anzeigenschwacher Publikationen verletzt nicht nur die materialen Gewährleistungen des Grundgesetzes, sondern auch die der DBP durch die Verfassung auferlegte Verpflichtung zur Zusammenarbeit mit der Presse im Bereich des Postzeitungsvertriebs.

E. Zusammenfassung der Ergebnisse

1. Der PZD ist eine historisch gewachsene Einrichtung, die wirksamen Schutz gegen Konzentrationsimpulse gewährt, die die Vielfalt des freiheitlichen Pressewesens bedrohen. Der PZD wird seit langem durch die erfolgreiche Zusammenarbeit der Post mit der Presse bestimmt. Die meisten der westlichen Industrieländer kennen vergleichbare Formen der Presseförderung.

2. Die Preisgabe des PZD, d. h. auch seine Umstellung auf kostendeckende Tarife, hätte weitreichende Folgen. Die überregionale Verbreitung regionaler und lokaler Tageszeitungen würde erheblich eingeschränkt werden. Der Bezug von konfessionellen, Publikums- und Fachzeitschriften würde erheblich verteuert. Das bedeutete wiederum, daß vor allem einkommensschwächere Leser auf den weiteren Bezug verzichten und vor allem ertragsschwache Blätter kleinerer Verlage vom Markt verschwinden würden.

3. Der PZD wäre auch als eine aus Haushaltsmitteln des Staates finanzierte Unterstützung zulässig. Er bildet aber keine derartige Form „staatlicher Subventionierung", sondern beruht auf einem komplexen Geflecht von „Querfinanzierungen". Dabei handelt es sich primär um Leistungsbeziehungen innerhalb der Presse: auflagenstarke und infolge ihres Umfangs gewichtige Zeitungen und Zeitschriften unterstützen den bundesweiten Vertrieb von auflagenschwächeren und leichtergewichtigen Blättern. Die Alimentierung durch andere Dienste beschränkt sich auf die „gelbe Post". Sie bleibt auch insoweit in engen Grenzen: die DBP hat mehrfach eingeräumt, daß der PZD seine Grenz- oder „Wegfallkosten" voll erbringt und das Problem der Kostenunterdeckung allein darin besteht, daß nicht der volle Deckungsbeitrag zum „Netz", d. h. zur Erhaltung und zum Ausbau der operativen Infrastruktur geleistet wird. Die Lage der Post und der anderen Postkunden würde nicht verbessert, wenn der PZD gänzlich eingestellt oder auf einen presseeigenen „alternativen Zustelldienst" (AZD) übertragen würde.

4. Der PZD kann nicht durch einen derartigen AZD ersetzt werden. Dieser wäre gesamtwirtschaftlich fragwürdig und der Presse nicht zumutbar, solange die Post über ein Monopol zur Beförderung anderer Sendungen und damit über die nur schwer zu kontrollierende Möglichkeit der internen Subventionierung von Wettbewerbsdiensten aus den Erträgen der Monopoldienste verfügt. Zudem konfrontiert ein solcher AZD als ein übergreifendes Gemeinschaftsunternehmen der Presse mit derzeit nicht absehbaren regional- und wettbewerbspolitischen sowie kartell- und verfassungsrechtlichen Problemen.

5. Die Vielfalt gewährleistende Ergänzung des presseeigenen Vertriebs durch den kostenvergünstigten PZD entspricht einem breiten verfassungspolitischen Konsens, der die wichtigsten politischen Parteien ebenso wie die Bundesregierung einschließt. Die Kommission der Europäischen Gemeinschaft geht in ihrem kürzlich vorgelegten „Grünbuch" davon aus, daß der Postvertrieb von „Sendungen mit kulturellem Inhalt" auch künftig zu „Vorzugsgebühren" abgewickelt wird.

6. Die Rechtsprechung, insbesondere auch des Bundesverfassungsgerichts, läßt die finanzielle Förderung des Pressevertriebs auch in der Form der Subventionierung aus staatlichen Haushaltsmitteln zu, solange und soweit diese „meinungsneutral", d. h. ohne Rücksicht auf die jeweils vertretenen Ansichten, gewährt wird. Sie bekräftigt die traditionell praktizierte Unterscheidung der meinungsbildenden Presse, die zum PZD zuzulassen ist, von sonstigen Druckwerken, obwohl auch diese durch Art. 5 Abs. 1 Satz 2 GG gegen staatliche Ein- und Übergriffe geschützt werden. Diese von der höchstrichterlichen Rechtsprechung bestätigte Praxis schützt die meinungsbildende Presse gegen die drohende Erosion ihrer wirtschaftlichen Basis durch „hybride" Erscheinungsformen wie Anzeigen- und Offertenblätter. Durch die Preisgabe des PZD herkömmlicher Prägung würde der meinungsbildenden Presse dieser Schutz entzogen.

7. Das Grundrecht der Pressefreiheit gemäß Art. 5 Abs. 1 Satz 2 GG schützt nicht nur die Träger dieser Verbürgung gegen Interventionen und andere Beschränkungen durch die staatliche Gewalt, sondern — in der Form einer objektivrechtlichen Gewährleistung — auch den für die Staatsform der Demokratie konstitutiven Prozeß freier individueller und öffentlicher Meinungsbildung durch das gedruckte Wort.

Diese Gewährleistung ist funktionsbezogen: sie zielt auf die Schaffung und Erhaltung der Randbedingungen, deren die Presse zur Erfüllung ihrer „öffentlichen Aufgabe" bedarf. Sie begründet Schutzpflichten des Staates, die sich auf positive Maßnahmen zur Erhaltung und Förderung der meinungsbildenden Presse richten können.

8. Der objektivrechtliche Gehalt des Grundrechtes der Pressefreiheit bezweckt nicht nur und nicht primär den Schutz von Publikationsorganen und Presseverlagen gegen Bestands- und Substanzverluste. Schutzgegenstand der verfassungsrechtlichen Verbürgung sind vielmehr auch Reichweitenverluste: sie wird nicht zuletzt dort tangiert, wo staatliche Maßnahmen — auch in privatrechtlicher Form — zur Folge haben, daß auf den Bezug von Zeitungen und Zeitschriften verzichtet wird. Das gilt vor allem dort, wo die Verteuerung des Pressevertriebs einkommensschwachen Gruppen den Bezug von Zeitungen und Zeitschriften in solchem Maße erschwert, daß es in erheblichem Maße zu Abbestellungen kommt.

9. Art. 87 GG verwehrt es der Post, sich durch Veränderung der Rechtsform ihrer Infrastrukturverpflichtungen zu entziehen, zu denen auch die kostengünstige Versorgung mit meinungsbildenden Zeitungen und Zeitschriften zählt. Deshalb gehört der PZD zu den „Pflichtleistungen" gemäß § 4 PostVerfG.

10. Nach der ständigen Rechtsprechung des Bundesverfassungsgerichts gilt auch für das Grundrecht der Pressefreiheit, daß es nicht allein durch materielle Vorkehrungen, sondern auch durch die Ausgestaltung der maßgeblichen Verfahren zu schützen ist. Da der PZD nicht zuletzt Vermittlung und Ausgleich zwischen divergierenden Interessen innerhalb der Presse bedeutet, ist und bleibt die DBP vorbehaltlich der ihr durch Art. 87 GG übertragenen politischen Verantwortung verpflichtet, im Rahmen eines von ihr beizubehaltenden und weiterzuführenden Infrastrukturdienstes des begünstigten Postzeitungsvertriebs mit der Presse zusammenzuarbeiten; diese Kooperation bildet ein wesentliches Element der verfassungsgeschützten Einrichtung des PZD. Die Pflicht zur Zusammenarbeit wird durch einseitige, d. h. mit den Vertretern der Presse nicht abgestimmte Preisfestsetzungen verletzt.

11. Damit rundet sich das Bild einer komplexen verfassungsrechtlichen Gewährleistung der Einrichtung des PZD. Sie beruht im Kern

auf der objektivrechtlichen Verbürgung der Pressefreiheit, die den für ein demokratisches Gemeinwesen unverzichtbaren Prozeß freier individueller und öffentlicher Meinungsbildung schützt und in concreto durch die Infrastrukturverantwortung der DBP bekräftigt und verstärkt wird. Sie verpflichtet die Post zur Beibehaltung eines kooperativen Verfahrens zur Festsetzung der Entgelte des Postzeitungsvertriebs. Diese Entgelte müssen die Presse auch künftig in der Weise begünstigen, daß sie auch kleineren und schwächeren Blättern den bundesweiten Vertrieb zu annehmbaren Bedingungen ermöglichen.

Sachwortregister

MIX
Papier aus verantwortungsvollen Quellen
Paper from responsible sources
FSC® C105338

Printed by Libri Plureos GmbH
in Hamburg, Germany